EN BONUS DANS CE LIVRE :

Le cinquième accord pour suivre le principe : « Soyez sceptique, mais apprenez à écouter » afin de vous aider à appliquer les quatre premiers accords et à vivre enfin libre et heureux !

Pour télécharger le cinquième accord, scannez la page ci-contre (vous pouvez également scanner les pages 12 ou 215) *via* notre application marque-page ou rendez-vous sur notre site :

http://quotidienmalin.com/accords-tolteques

MARQUE-PAGE

Séances audio, vidéos explicatives, interviews, liens... Nos livres s'animent désormais grâce à des contenus digitaux exclusifs ! Il vous suffit d'ouvrir l'application pour scanner la page du livre, et vous découvrirez alors des contenus originaux pour aller encore plus loin dans la lecture de nos livres.

Comment ça marche ?

Marque-Page vous permet de flasher les livres des éditions Leduc.s.

- Téléchargez l'application et ouvrez-la
- Flashez les pages de nos livres où apparaît le logo « Marque-Page »
- Découvrez des contenus exclusifs directement sur votre smartphone ou votre tablette !

Télécharger dans App Store

Disponible sur Google play

C'EST MALIN

GRAND FORMAT

XAVIER CORNETTE DE SAINT CYR

LES ACCORDS TOLTÈQUES AU QUOTIDIEN

EN BONUS
Le cinquième accord pour suivre le principe « Soyez sceptique, mais apprenez à écouter » ! (voir ci-contre.)

LEDUC.S ÉDITIONS

REJOIGNEZ LA COMMUNAUTÉ DES LECTEURS MALINS !

Inscrivez-vous à notre newsletter et recevez chaque mois :

- des conseils inédits pour vous sentir bien ;
- des interviews et des vidéos exclusives ;
- des avant-premières, des bonus et des jeux !

Rendez-vous sur la page :
http://leduc.force.com/lecteur

Découvrez aussi notre catalogue complet en ligne sur notre site :
www.editionsleduc.com

Enfin, retrouvez toujours plus d'astuces et de bons conseils malins
sur notre blog : **www.quotidienmalin.com**
sur notre page Facebook : **www.facebook.com/QuotidienMalin**

Conseil éditorial : Nathalie Ferron
Suivi éditorial : Marjolaine Revel
Maquette : Sébastienne Ocampo
Illustrations : Fotolia

29 boulevard Raspail
75007 Paris – France
ISBN : 979-10-285-0474-8
ISSN : 2425-4355

SOMMAIRE

INTRODUCTION

Révélés au monde occidental il y a vingt ans, les quatre accords toltèques ont connu une renommée mondiale. Plusieurs siècles après leur « élaboration », ils conservent la même puissance. Parlant notre langage, ils semblent même s'adresser directement à notre époque inquiète et souvent troublée pour nous aider à vivre harmonieusement.

De quoi s'agit-il ? Ce sont des accords à passer avec nous-mêmes de manière à briser les croyances que nous avons et qui nous limitent*, c'est-à-dire toutes celles qui déforment négativement la réalité. Elles nous limitent ainsi dans notre bien-être et créent notre souffrance, car elles nous maintiennent dans les plaintes, les récriminations et la volonté que les choses soient autres que ce qu'elles sont. Or, et c'est bien là le problème, les choses sont… ce qu'elles sont ! Le passé est ce qu'il est, terminé, et le futur est ce qu'il est, incertain. Vouloir faire perdurer le premier ou maîtriser le second est source de nombre de nos plaintes. Les accords toltèques nous apprennent à remettre de l'ordre dans tout cela.

---

* Une croyance, c'est une conviction profonde sur la réalité de notre environnement tel que nous le percevons. Elles concernent nous-mêmes, les autres, le monde, la vie, etc. Certaines nous font avancer et d'autres nous freinent. Ces dernières sont appelées « croyances limitatives ».

POURQUOI PASSER DES ACCORDS AVEC SOI ?

On parle d'« accords » car, de fait, nous donnons notre *accord* à des croyances qui ne nous appartiennent pas et dont beaucoup nous empêchent de nous épanouir. Ce sont tous ces petits compromis que nous acceptons, ces manières de penser ou de s'exprimer qui consument notre énergie, souvent à notre insu, et dont nous ne parvenons pas à nous défaire.

Le but des accords toltèques est de nous inviter à conclure de nouveaux accords avec nous-mêmes pour adopter une autre manière de penser et de se comporter afin de nous libérer de ce qui nous freine et, ainsi, nous aider à vivre mieux.

Les accords toltèques que nous présentons dans cet ouvrage remplissent ce rôle pour plusieurs raisons :

- Ils sont un puissant levier pour modifier nos manières d'être, de faire et de penser afin de ne plus nous limiter ni nous faire souffrir.
- Ils évitent à notre mental et à nos émotions de s'emballer n'importe comment.
- Ils nous permettent de trouver de l'apaisement et de développer notre richesse intérieure.
- Ils nous aident à mieux contrôler notre existence pour la vivre plus intensément et harmonieusement.
- Ils facilitent nos relations sociales : nous ne nous laissons plus polluer par les personnes qui nous sont toxiques et nous vivons en harmonie avec les autres.

En un mot, ils visent à accroître notre bonheur.

QUI SONT LES TOLTÈQUES ?

Il s'agit d'un peuple de guerriers aux origines incertaines apparaissant en Méso-Amérique vers l'an 800 de notre ère. Aux alentours de l'an 1000, ils fondent la capitale de leur État à Tula (à 80 km au nord de Mexico) et, en deux siècles environ, ils créent un empire puissant s'étendant sur tout le centre du Mexique.

À partir de 1300, ce sont les Aztèques qui s'établissent dans la vallée de Mexico. Ils reprennent les grands principes de la culture et de la religion (principalement de type chamanique) des Toltèques. Pour affirmer leur supériorité, ils s'en disent descendants : c'est grâce à eux qu'auraient été transmis le savoir et la philosophie des Toltèques, et en particulier une sagesse dont les fameux accords seraient la clé essentielle.

Leur révélation en a été faite par Don Miguel Ruiz, neurochirurgien dont la vie se trouve transformée dans les années 1970 par une expérience de mort imminente. Il se lance alors à la recherche du savoir de ses ancêtres toltèques afin de le transmettre au plus grand nombre. Son ouvrage *Les Quatre Accords toltèques**, publié en 1997, s'est écoulé à plus de quatre millions d'exemplaires à travers le monde. Ce succès, qui ne se dément toujours pas, tient au fait que les accords toltèques répondent à un véritable besoin de notre époque : vivre mieux et plus heureux.

* Don Miguel Ruiz, *Les Quatre Accords toltèques*, Jouvence, 2016.

QUE NOUS ENSEIGNENT LES TOLTÈQUES ?

La voie toltèque n'est pas une religion ; c'est un enseignement pour découvrir comment être heureux :

- en exprimant ce que l'on est véritablement ;
- en se libérant des attentes d'autrui ;
- en prenant conscience, pour les recadrer, des croyances que nous avons et qui nous freinent, autant sur nous-mêmes que sur le monde en général.

Ces quatre accords s'expriment le plus simplement du monde. Faisons un premier tour d'horizon.

« Que votre parole soit impeccable »

Comme des graines que l'on sème, nos pensées et nos paroles produisent quelque chose de doux ou d'amer, d'agréable ou de destructeur. Nous avons la responsabilité de ce que nous pensons et exprimons pour créer de la bienveillance plutôt que de la douleur.

« Quoi qu'il arrive, n'en faites pas une affaire personnelle »

Notre erreur est de croire que tout arrive en fonction de nous-mêmes : nous nous chargeons alors inutilement de problèmes qui ne sont pas les nôtres, ou bien nous nous rendons dépendants de ce que les autres pensent de nous. En n'en faisant plus une affaire personnelle, nous retrouvons notre liberté.

« Ne faites pas de suppositions »

Nos suppositions sont des croyances nous faisant interpréter de travers ce que nous percevons. Apprendre à voir les choses (personnes, événements, situations, expériences de vie, etc.) comme elles sont réellement nous permet d'éviter d'être le jouet de notre imagination, de nos peurs et de nos colères.

« Faites toujours de votre mieux »

Abandonner par découragement ou vouloir atteindre un idéal inaccessible sont deux écueils qui nous bloquent sur le chemin vers notre bien-être. En revanche, déterminer un objectif précis, réaliste et accessible, puis mettre en œuvre ce que nous pouvons faire de mieux en fonction de qui nous sommes sur l'instant nous permet d'arrêter de culpabiliser et de nous empêcher d'être heureux tels que nous sommes.

Voilà ce que sont ces accords. Simples, n'est-ce pas ? Ils apparaissent même évidents et universels, et cependant, ils ne sont pas toujours si faciles à mettre en pratique dans notre quotidien !

Aussi, je vous propose de les décortiquer plus en avant afin de bien comprendre ce qu'ils signifient en profondeur et de les décliner dans les diverses sphères de votre existence. C'est ainsi qu'ils pourront s'ancrer au mieux dans votre vie quotidienne et que vous pourrez en retirer tous les bénéfices, trouver l'apaisement et développer votre richesse intérieure.

Comme l'explique Don Miguel Ruiz, « la mise en pratique des quatre accords toltèques dans sa vie quotidienne, de manière régulière [...] est une sorte de yoga toltèque [...]. Cette pratique [...] discipline le mental, nous en donne le contrôle afin de créer un rêve plus épanouissant* ». Il termine son propos sur cette belle promesse dont nous avons tant besoin : « Nous pouvons changer nos souffrances en bonheur. »

Ces quatre accords peuvent être envisagés comme un guide de croissance personnelle, centré sur le bien-être et déclinable dans nos modes d'être et de penser ; en interaction permanente, chacun est influencé par les autres et chacun influence les autres. Les accords toltèques permettent peu à peu d'engendrer une dynamique vertueuse, que je vous propose de découvrir à présent.

Pour aller plus loin, scannez cette page
et retrouvez le cinquième accord
toltèque ! (Voir page 2.)

* Entretien avec Maud Séjournant, « Être soi grâce aux accords toltèques », *FémininBio*, novembre 2016.

1

S'EXPRIMER EN HARMONIE AVEC SOI ET LES AUTRES

Le premier des accords toltèques déclare : « Que votre parole soit impeccable ». Qu'est-ce que cela signifie ? Nous pourrions le traduire par : que votre parole soit respectueuse et bienveillante — c'est là son message essentiel.

Don Miguel Ruiz nous prévient d'emblée : « Le premier accord toltèque est le plus important et aussi le plus difficile à honorer ». Pourquoi ? Parce que la parole est le principal véhicule que nous utilisons pour exprimer ce que nous pensons et qu'elle est la base de nos interactions avec les autres : en nous permettant de communiquer, elle nous permet d'entrer en relation avec nos semblables. L'enjeu est donc conséquent : si nous ne communiquons pas de manière impeccable, comment espérer entretenir des relations impeccables ?

Chapitre 1

Nos mots ont un pouvoir

Le verbe « communiquer » vient des mots latins *communicare,* « mettre ou avoir en commun », et *communicatus,* « qui est en relation avec ». Communiquer, c'est donc établir une relation entre un locuteur et un interlocuteur pour transmettre, mettre en commun.

Mais il existe autant de manières de communiquer que d'individus, et c'est là que les problèmes commencent, lorsque le message originel n'est pas correctement transmis et/ou reçu, ce qui arrive bien plus souvent que nous n'en avons conscience...

UN MESSAGE AUX MULTIPLES SENS

Un mot n'est pas seulement un son. Il a d'abord un sens : qu'est-ce qu'il veut dire ? Et surtout : qu'est-ce qu'il veut dire pour moi, pour toi, pour lui, pour elle, pour eux ? Demandez à votre entourage de définir les mots « amour », « liberté », « fidélité », « Dieu », « sagesse », « bonheur », « intelligence ». Vous allez vite constater que **tout le monde ne comprend pas les mêmes mots de la même manière** !

Par ailleurs, un mot englobe bien souvent une **dimension affective, émotionnelle, qui diffère d'un individu à l'autre** : il nous suggère quelque chose, une image, une idée, parfois un souvenir particulier, un événement de notre passé, une personne que nous avons appréciée ou qui nous a maltraités, etc. Qu'ils soient entendus ou prononcés, ces mots-là sont chargés d'un vécu personnel ou d'une interprétation particulière, connus de nous seuls. C'est pour cela qu'il peut nous arriver de blesser une personne : tel mot ou telle expression a chez elle une certaine résonance affective. Nous n'avions aucune intention malveillante, mais comme nous ne connaissions pas cette résonance, notre parole n'a pas été impeccable.

À CHACUN SA MANIÈRE DE S'EXPRIMER

S'ajoute à cela la manière avec laquelle nous nous exprimons. C'est le domaine du **non-verbal. N'importe quel mot ou n'importe quelle parole change de sens selon notre manière de le dire.** Si je dis à un enfant : « Viens ici », je peux le formuler très doucement avec beaucoup d'amour et un grand sourire, ou l'énoncer de manière froide et impersonnelle en regardant ailleurs, ou bien le crier avec dureté en gesticulant, et de mille autres façons encore. À chaque fois, l'intention n'étant pas la même, l'impact émotionnel et la compréhension finale du message peuvent différer du tout au tout. **Le choix des mots a son importance, mais leur formulation en a tout autant.**

À noter

Le non-verbal désigne à la fois le message vocal (intonation, volume, accent, vitesse…) et le langage corporel (gestes, attitudes, expressions, mimiques…). Le non-verbal représente les deux tiers de ce que nous exprimons, les mots en eux-mêmes n'intervenant que pour le tiers restant. Même le silence signifie quelque chose ! Si vous êtes dans une réunion et ne dites pas un mot, chacun interprétera à sa manière le « message » que vous adressez ainsi, consciemment ou non. Et si vous ne faites aucun mouvement, l'interprétation sera encore différente.
Pour couronner le tout, chaque culture possède ses propres codes et interprétations d'une même gestuelle. Ainsi, incliner la tête vers l'avant pour dire « oui » sera compris par un Yéménite comme un remerciement et par un Grec comme un « non ». En Inde, plus on est d'accord, plus on effectue des mouvements de tête de droite à gauche.

➔ *Comprendre l'impact du non-verbal*

Jouez avec une personne de votre entourage proche et dites-lui successivement le même mot en changeant votre intonation et votre attitude :

① « Bonjour ! » avec une voix claire et enjouée, un visage chaleureux, les bras grands ouverts.

② « Bonjour. » avec une voix froide, détachée, morne, un visage fermé, le corps en retrait et le regard dans le vague.

③ « Bonjour… » avec une voix langoureuse et traînante, une attitude séductrice, un regard profond et un sourire charmeur. Demandez-lui ensuite : **« À chaque "bonjour", qu'as-tu compris ou ressenti ? »** Vous découvrez ainsi la puissance du non-verbal : le même mot peut être interprété de manière totalement différente selon la manière de le prononcer !

• • •

La façon que nous avons de nous exprimer possède donc un **très grand pouvoir**, que nous avons la **responsabilité de maîtriser pour en user avec bienveillance afin que notre parole demeure impeccable.**

UN POUVOIR CRÉATEUR

Les mots ont, en outre, un grand pouvoir dont nous n'avons pas toujours conscience : celui de **créer une réalité**. Imaginons que je dise à un enfant : « Tu es maladroit. » Je crée alors chez lui une émotion négative, la tristesse par exemple. Si je le lui répète régulièrement, il se croira *effectivement* maladroit. **J'aurai donc créé chez cet enfant la croyance qu'il est maladroit*.** Le risque, c'est que tout ce qu'il fera désormais sera si profondément influencé par cette croyance qu'il deviendra réellement une personne pleine de maladresse durant sa vie. Inconsciemment, ses actes valideront sa croyance. C'est ainsi que, quand on éduque un enfant, ce qu'on lui dit régulièrement le concernant peut le marquer à vie.

Mais ce pouvoir créateur opère également **avec ce que nous nous disons à nous-mêmes**. Vous pouvez par exemple vous répéter : « La vie est difficile », ou bien : « Mon métier n'a aucun intérêt », ou encore : « Je ne suis pas capable de... ». Chaque fois toujours plus, vous vous persuadez de tout ce que vous vous dites. **Vous vous créez alors des croyances, vos comportements se calquent dessus et leur donnent réalité.** Ainsi, au premier événement « négatif » qui survient (tout du moins que vous vivez, vous, de manière négative), vous l'interprétez en accord avec vos croyances : « Je l'avais bien dit, que la vie est difficile/que je ne suis pas capable de ceci ou de cela ! » Vous auto-validez

* Ce pouvoir s'accroît quand les mots sont prononcés par quelqu'un qui a l'ascendant sur nous : parent/enfant, patron/employé, médecin/patient, etc., car l'autorité que l'on reconnaît à une personne amplifie ce qu'elle nous dit.

ainsi votre croyance : **vous avez donc créé une réalité simplement à partir des mots que vous avez employés.** C'est dire leur pouvoir !

➔ *Que croyez-vous à votre sujet ?*

Faites le point sur les croyances négatives que vous avez vis-à-vis de vous-même, c'est-à-dire ce que vous dites régulièrement **contre vous.**

Parmi ces expressions, cochez et/ou ajoutez celles que vous vous dites :

EXPRESSIONS	JAMAIS	PARFOIS	TRÈS SOUVENT
« Je n'y arrive pas. »		X	
« Je suis stupide. »	X		
« Je suis trop vieux pour… »	X		
« Je rate à chaque fois. »			X
« Je ne suis pas assez compétent. »			X
« Je n'ai aucun talent. »	X		
« Je trouve que c'est trop difficile pour moi. »		X	
« Je n'ai jamais de chance. »			X
« Je suis laid. »	X		

Si vous avez coché la case « Jamais » à chaque fois, bravo !
Quand vous cochez la case « Parfois », posez-vous les questions suivantes :

- Y a-t-il une raison particulière ?
- Cette raison est-elle toujours valable ou pas ?

Chaque fois que vous cochez la case « Très souvent », cherchez au moins **2 exceptions** (ou davantage) qui vous montrent que ce n'est pas toujours le cas.

Puis, **pour ces croyances récurrentes**, demandez-vous :
- Est-ce que ces affirmations contre moi sont toujours vraies ?
- Qu'est-ce que je gagne quand je me les répète ?
- Qu'est-ce que je perds quand je me les répète ?

LE CONSEIL EN +

Quand vous parlez « contre vous », demandez-vous : « Aimerais-je vraiment que quelqu'un me dise ce que je me dis à moi-même ? Quelle serait ma réaction si on me parlait comme ça ? » Cela vous permet d'analyser vos croyances avec plus d'objectivité et de recul.

➔ *Que croyez-vous au sujet des autres ?*

C'est le même exercice, mais qui analyse cette fois les **croyances négatives que vous avez à l'égard des autres**. Il a toute son importance pour retrouver une parole impeccable envers toutes les personnes avec lesquelles vous avez une difficulté relationnelle. Faites cet exercice pour chacune d'entre elles.

Parmi ces expressions, cochez et/ou ajoutez celles que vous dites au sujet de la personne concernée :

EXPRESSIONS	JAMAIS	PARFOIS	TRÈS SOUVENT
« Tu n'y arriveras pas. »			
« Tu es inexpérimenté. »			
« Tu es trop vieux/trop jeune/trop rigide, etc. pour… »			

EXPRESSIONS	JAMAIS	PARFOIS	TRÈS SOUVENT
« Tu rates à chaque fois. »			
« Tu n'es pas assez compétent. »			
« Tu manques (ou : tu n'as pas) de talent. »			
« C'est beaucoup trop difficile pour toi. »			
« Tu n'as jamais de chance. »			
« Tu es idiot. »			

Chaque fois que vous cochez la case « Jamais », bravo ! C'est que vous reconnaissez une qualité à cette personne.

Quand vous cochez la case « Parfois », posez-vous les questions suivantes :

- Y a-t-il une raison particulière ?
- Cette raison est-elle toujours valable ou pas ?

Quand vous cochez la case « Très souvent », cherchez au moins **2 exceptions** (ou davantage) qui montrent que ce n'est pas toujours le cas.

Puis, **pour ces croyances récurrentes**, demandez-vous :

- Est-ce que ces affirmations contre cette personne sont toujours vraies ?
- Qu'est-ce que je gagne et qu'est-ce que je perds quand je me les répète ?
- Et cette personne, qu'est-ce qu'elle perd quand je le lui dis ou quand je le pense ?

• • •

UNE « RÉALITÉ » QUI NOUS FAIT SOUFFRIR... OU NOUS REND HEUREUX

Les croyances qui découlent de nos mots sont tellement puissantes qu'après les avoir auto-validées un certain nombre de fois, elles s'ancrent au plus profond de nous et deviennent difficiles à déloger. Si elles sont négatives, elles ont le pouvoir de nous empêcher d'évoluer ou d'être nous-mêmes ; elles figent alors notre développement et notre bien-être. Mais, heureusement, si cela fonctionne dans un sens, cela fonctionne tout aussi bien dans l'autre : vous pouvez vous répéter avec la même conviction que la vie est agréable, que votre métier vous apporte de merveilleuses satisfactions, que vous êtes capable de..., etc. Et, de même, vous pouvez répéter à votre enfant ou aux autres des choses valorisantes, positives, bénéfiques. L'auto-validation des croyances fonctionnera de la même manière, mais dans un sens constructif. **C'est avec vos mots que vous créez une réalité. Votre parole doit donc être impeccable, autant avec les autres qu'avec vous-même.**

TÉMOIGNAGE

« IL A SUFFI QUE JE ME PARLE AUTREMENT. »

Didier, 34 ans : « Pendant longtemps, j'étais persuadé de n'être pas assez qualifié dans mon métier. Je suivais des tas de formations et je me disais toujours : "Oui, mais il me manque ceci ou je ne sais pas faire cela..." En fait, toutes mes phrases commençaient par "oui, mais...". Du coup, je stagnais et je râlais en permanence. Un jour, un nouveau directeur m'a dit : "Je vous fais confiance. Voilà le projet à monter." Comme une sorte de déclic. À ma première réussite, il m'a félicité et m'a proposé un autre challenge. Peu à peu, j'ai commencé à me dire : "Je sais faire ça, et puis ça aussi, et même ça !" J'ai lentement changé ce que je pensais de moi. Finalement, je suis devenu responsable du service et je me rends compte que c'est tout ce que je me répétais de négatif en boucle qui me freinait. Maintenant, c'est ce que je me dis de moi-même et en positif qui me fait avancer. Il suffisait que je me parle autrement ! »

« La parole est pure magie », déclare Don Miguel Ruiz, ajoutant que son mauvais usage est de la magie noire qui répand « du poison mortel, pour exprimer la colère, la jalousie, l'envie et la haine ». Lorsque notre parole devient impeccable, sa puissance fait que nous pouvons progressivement éliminer « tout poison émotionnel de notre esprit et de nos relations personnelles ». Pour passer de la magie noire à la pure magie, il y a un chemin qui vient de notre cœur et de notre esprit, et qui impose de nous interroger : que voulons-nous créer ? **Quelle intention nous anime ?**

Chapitre 2

L'intention qui change tout

L'intention, c'est la **disposition d'esprit avec laquelle nous agissons, pensons, communiquons**. C'est une sorte d'objectif que nous nous fixons, consciemment ou non, et qui détermine notre manière d'être et de faire. En fonction de cette intention de départ, **les conséquences diffèrent** : cela aboutit soit à une destruction ou une souffrance, soit à la construction d'une harmonie ou à un bien-être.

UNE PAROLE QUI RESPECTE L'AUTRE

Chaque être humain, quel qu'il soit, éprouve le **besoin d'être considéré et respecté pour ce qu'il est**. Si nous-mêmes éprouvons ce besoin, nous comprenons aisément que tout autre que nous l'éprouve identiquement. En conséquence, si nous ne supportons pas que l'on nous dise une parole négative, de quel droit nous autoriserions-nous à en adresser à quelqu'un d'autre ?

Or, c'est notre intention de départ qui dicte nos paroles. Selon que je vous apprécie infiniment et souhaite vous faire part de mon estime ou bien que vous m'agaciez prodigieusement et que je veuille avoir le dernier mot, **je ne vous parlerai pas de la même manière** ! Ni dans les mots, ni dans l'intonation. C'est pour cela que Don Miguel Ruiz déclare que ce premier accord est « le plus difficile à honorer », car combien de fois nous adressons-nous négativement à ceux qui nous entourent ?

C'est pourquoi notre parole doit être « impeccable » (du latin *impeccabilis*, « qui ne commet pas de faute », et, par extension, « qui ne faillit pas », « parfait », « correct »), c'est-à-dire qu'elle ne doit pas « commettre de faute », **ne pas faire de mal, ne pas nuire, ne pas blesser, ni dans son intention, ni dans son expression**. Ce premier accord est donc une invitation à **respecter l'autre par sa parole**, à tendre à l'élever plutôt qu'à le rabaisser.

UNE PAROLE QUI SE RESPECTE

Et pour adopter une parole impeccable avec les autres, commencez par l'adopter **avec vous-même**. Pour être impeccable, votre parole doit être intègre, juste, c'est-à-dire **conforme à ce que vous êtes**. Cela veut dire que vous commettez une faute quand vous agissez contre vous-même, quand vous n'acceptez pas qui vous êtes, quand vous vous jugez négativement et vous dévalorisez. Votre parole n'est pas impeccable vis-à-vis de vous-même.

Avoir une parole impeccable **exclut donc pensées ou propos désobligeants que l'on peut avoir à l'égard de soi** : « Je suis nul », « Je ne vaux pas grand-chose », « Je n'ai pas telle ou telle qualité », « Je n'arrive à rien de bien », etc. Nous avons vu plus haut que la parole est puissante, capable de créer une réalité de toutes pièces ; de même, la parole qui n'est pas impeccable vous donne une telle conviction de ce que vous croyez être de négatif que cela peut vous pousser à vous replier sur vous-même, à vous plaindre ou à manifester de l'hostilité envers ceux qui vous entourent.

Non seulement vous souffrez d'être ce que vous croyez être, mais peu à peu, à force de ne pas vous apprécier, vous vous sentez tellement mal à l'aise que **vous avez des difficultés à supporter votre environnement**. Lentement mais sûrement, vous finissez par en vouloir aux autres, à tous les autres : les gens, votre travail, votre vie, le Gouvernement et même la météo ! Bref, dans ce système, rien ne va jamais, surtout vous, et vous souffrez en outre d'un isolement que vous avez vous-même créé.

À noter

Vos paroles négatives ont un **impact négatif** ! En effet, chaque fois que vous avez une parole négative envers vous-même :

- vous générez une émotion également négative ;
- vous forgez et renforcez une croyance sur le peu de valeur que vous vous supposez avoir ;
- vous vous persuadez de la « réalité négative » de votre parole ;
- vous blessez (et parfois détruisez) votre estime de vous et votre confiance en vous.

Bien sûr, il peut vous arriver, comme à chacun d'entre nous, de pester contre vous-même. C'est normal, c'est humain. C'est souvent un bon moyen de prendre conscience que ce que vous avez fait n'était pas correct. Une fois que c'est dit, vous pouvez alors rectifier votre manière d'être et de faire.

Mais lorsque ces critiques envers vous-même sont récurrentes, non productives, vous finissez par tomber insensiblement soit dans un cynisme noir (« Je ne vaux rien et les autres pas davantage »), soit dans un mal-être qui ne prend jamais fin ; vous voilà constamment « le moral dans les chaussettes », râlant en permanence et **passant peut-être (sûrement) à côté de votre vie et des autres**. Que de conséquences négatives pour de « simples » mots, n'est-ce pas ?

C'est pourquoi il est important d'appliquer cet accord d'abord à soi-même. Si votre parole n'est pas impeccable avec vous, si vous ne vous respectez pas, si vous vous mésestimez, comment pouvez-vous espérer respecter les autres, à qui vous en voudrez tellement de ce que vous croyez être ? **À l'inverse, lorsque vous vous respectez, que vous vous estimez avec bienveillance, que vous êtes en harmonie avec qui vous êtes et que vous vous acceptez ainsi, alors vous pouvez vous ouvrir aux autres, les respecter, les estimer et les accepter pour ce qu'ils sont.**

« S'aimer soi-même est le début d'une histoire d'amour qui durera toute une vie. »
OSCAR WILDE

LA SPONTANÉITÉ OU LE RESPECT ?

La spontanéité est assimilée à la franchise et à la liberté, car elle consiste à dire ce que l'on ressent à un moment donné, naturellement, sans calcul et sans que ce soit imposé. C'est plutôt, *a priori*, une chose positive. Mais il ne faut pas confondre la spontanéité avec le manque de respect, de tact ou même l'irresponsabilité.

Cependant, comment concilier la spontanéité (qui est une forme de parole impeccable envers soi, puisque nous parlons en accord avec ce que nous pensons) et le respect (qui est une forme de parole impeccable envers l'autre, puisque nous le considérons en tant qu'être humain) ? Pour autant, les deux ne sont pas nécessairement incompatibles. La parole impeccable est celle qui associe deux composantes essentielles :

› **Votre parole doit être sincère**, un alignement entre ce que vous pensez et ce que vous dites. C'est le premier pas vers le respect de l'autre. Cela exclut le mensonge, la tromperie, la manipulation et tout ce qui pourrait faire croire à autrui autre chose que ce que vous avez comme intention ou objectif non avoué. C'est donc une parole qui est honnête et qui exprime clairement ce que vous pensez ou désirez, sans ambiguïté.

› **Votre parole doit être respectueuse.** Elle n'est donc pas impolie, agressive, vexante, blessante, dévalorisante, humiliante, dégradante, etc. Ceux qui se targuent d'être « spontanés », « sincères », n'ont pas une parole impeccable quand ils ne prennent pas en compte la sensibilité de leur interlocuteur. Cela ne signifie pas qu'il faut vous taire face à un comportement que vous estimez dérangeant ou inacceptable ; cela signifie que vous devez veiller à choisir des mots et un langage non verbal qui ne soient pas une agression. **Dire à l'autre ce que vous pensez réellement dans le respect de ce qu'il est, telle est la vraie parole impeccable.**

Un temps minimal de réflexion peut donc être nécessaire pour éviter de parler « à tort et à travers ». En cas de doute, questionnez-vous : « Aimerais-je que mon interlocuteur me parle comme je lui parle ? » Si vous avez besoin de dire quelque chose, dites-le ; mais dites-le toujours de la manière dont vous souhaiteriez qu'on vous le dise. Et rappelez-vous ce précepte de Confucius : « Ne faites pas à autrui ce que vous ne voulez pas qu'on vous fasse à vous-même. »

Votre parole est impeccable **quand elle n'est dirigée ni contre vous-même, ni contre les autres**. Elle devient alors créatrice d'harmonie.

TÉMOIGNAGE

« J'AI RÂLÉ DE MOINS EN MOINS. »

Claire, 43 ans : « Longtemps, j'ai reproduit le schéma de ma propre éducation. J'avais une tendance "naturelle" à pointer ce qui n'allait pas. Je critiquais mes enfants, mon mari, ma belle-sœur, mon beau-père, etc. Pas méchamment, mais en permanence. Un soir, j'ai vu un téléfilm où un personnage critiquait tout le monde au point d'en être exaspérant. Les enfants ont crié : "Tiens, Maman, c'est toi dans le film !" Quel choc ! Comme un seau d'eau glacée. Alors je me suis complètement remise en question. Petit à petit, j'ai commencé à remercier et même à féliciter, parfois. Au début, les autres rigolaient : "Wahou, tu as été touchée par la grâce divine !" Mais j'ai continué comme ça et j'ai râlé de moins en moins. Le plus génial, c'est que ça a fini par devenir naturel, je voyais de moins en moins de choses à critiquer. L'ambiance chez nous est devenue plus légère, plus joyeuse, plus aimante en fait. Je crois que les autres ont changé en même temps que je changeais. »

Chapitre 3

De l'amour de soi à l'amour de l'autre

« Le péché est quelque chose que vous commettez contre vous-même. [...] Il commence par le rejet de soi », écrit Don Miguel Ruiz. Une lecture superficielle pourrait faire croire qu'il s'agit d'abord de s'intéresser à soi, comme une sorte d'égocentrisme où l'on devrait penser à soi avant tout. Ce n'est pas exactement ce dont il est question.

AIMEZ-VOUS...

C'est un égocentrisme qui n'oublie pas les autres, bien au contraire. On pourrait même parler d'« égocentrisme altruiste » ! En fait, l'argumentation qui éclaire ce premier accord repose sur un postulat : **un chemin vers l'autre commence par un chemin vers soi.** Comment, en effet, pouvez-vous éprouver de l'estime pour les autres si vous êtes incapable de vous en donner à vous-même ? Comment trouver des qualités chez les autres si vous êtes convaincu d'avoir tous les défauts de la Terre ? Toutes ces convictions négatives pèsent lourd. Dès lors, comment pouvez-vous donner à autrui ce que vous vous refusez ou ce dont vous êtes dépourvu ?

➔ *Vos croyances vous sont-elles vraiment utiles ?*

Poussons plus loin l'analyse des croyances que vous avez sur vous-même (voir exercice p. 21). La question, maintenant, n'est plus de savoir si elles sont vraies ou fausses, mais plutôt : **vous sont-elles utiles ou pas ?** Le but, par cet exercice, est d'apprendre à vous détacher des croyances négatives qui vous empoisonnent pour ne garder que les croyances positives qui vous galvanisent et vous font du bien. Il fonctionne aussi bien avec les croyances sur vous que sur les autres ou le monde.

Quand vous prenez conscience d'une croyance, envisagez-la **sous un autre angle** :

- Est-elle formulée positivement ou négativement ?
- Vous aide-t-elle à avancer ou est-elle un frein ?
- Vous permet-elle d'être créatif ou vous fait-elle tourner en rond ?
- Vous fait-elle ressentir du plaisir, de la douceur, de la joie, de l'envie, de l'enthousiasme ?
- Vous crée-t-elle de l'agacement, de la colère, de l'abattement, du découragement, de la tristesse ?
- Comment vous sentiriez-vous si vous ne l'aviez pas ? Si vous pensiez différemment ?
- Indépendamment de toutes les « preuves » qui la justifient, avez-vous intérêt à la conserver ?

Une croyance, avec la force de l'habitude, tend à revenir presque automatiquement. Quand elle est négative, **prenez-en simplement conscience sans vous affliger**. Parfois, elle ne vous appartient pas : elle vient de votre entourage, de votre éducation, de la société, etc. **Cherchez alors ce que vous pouvez penser de différent et de constructif.** Verbalisez votre nouvelle croyance et agissez en conséquence. Peu à peu, à force de répétition, **votre vision du monde, des autres et de vous-même va se modifier, en mieux.** Cela ne se fait pas en un instant... mais vous verrez, avec un peu de patience, que vous allez créer une nouvelle réalité plus réjouissante. Et c'est en croyant de nouvelles choses positives à votre sujet que vous serez en mesure de donner des choses positives aux autres.

• • •

… POUR AIMER LES AUTRES

Ce n'est donc ni de l'égoïsme, ni même simplement de l'égocentrisme. C'est un altruisme qui n'oublie pas ce que vous êtes et qui ne peut prétendre enrichir l'autre que si vous disposez vous-même de suffisamment de richesses, **où chacun de nos efforts doit se concentrer sur l'amour que l'on se porte à soi-même, pour mieux en donner à autrui**.

L'estime et l'amour de soi sont deux bienfaits très contagieux, autant que l'inverse est un poison pandémique, par un rapport de cause à effet très simple :

- Si je me dévalorise, si j'ai honte de ce que je suis ou de ce que je fais, si je pense que je vais toujours échouer, **je ne me sens pas bien**. Je vis dans la peur, l'inquiétude, le stress, la colère de ne pas être comme je voudrais. Mon visage est fermé, mes traits sont crispés, je me mets en retrait, me replie sur moi. Je suis tellement convaincu de mes croyances que je les attribue rapidement aux autres : si je ne me trouve pas beau, comment envisager que les autres me trouvent beau, eux ? Par défaut, donc, je suis sur mes gardes, car je m'attends à ce qu'on me blesse comme je me blesse inconsciemment, **à ce qu'on me renvoie ce que je pense moi-même à mon sujet**. Si quelqu'un m'adresse la parole, je vais immédiatement penser qu'il m'agresse ou va me faire souffrir. Et, plus simplement, **je n'ai pas**

envie de m'ouvrir aux autres, je n'ai pas envie de les voir, car ce que je suis à l'intérieur ne me plaît pas et que je ne souhaite pas le partager. Alors je n'ai pas envie de le montrer et, spontanément, je fais tout pour déplaire, pour qu'on me fiche la paix, pour qu'on ne me blesse pas. Je suis froid, distant, de mauvaise humeur, fermé, désagréable, voire blessant moi-même, pour anticiper toute attaque. **Et je fais autant de mal aux autres que je m'en fais à moi-même.**
- Mais si je m'estime, si je me donne de l'amour, si j'accepte ce que je suis, **je me sens bien**. Je suis détendu, je vois les choses de manière plus positive, je cultive mon bonheur. Spontanément, **je m'ouvre au monde, aux autres**, car j'aime ce que je vois en moi, ce que je ressens. L'humain est sociable de nature, et quand il va bien, il veut le partager. Quand je marche dans la rue, je redresse la tête, j'avance avec confiance, je souris naturellement, mon regard exprime ma sérénité. Par défaut, donc, je suis ouvert aux rencontres, j'accueille les gens à moi avec plaisir, je suis bienveillant, je réponds avec bonne humeur. **Et je fais autant de bien aux autres que je m'en fais à moi-même.**

Les sentiments négatifs (tristesse, colère, haine, rancœur) se répandent aussi sûrement qu'un poison. Les sentiments positifs (amour, estime, respect, bienveillance) rayonnent aussi sûrement qu'une lumière. **Soyez avec vous-même ce que vous voulez être avec les autres.**

TÉMOIGNAGE

« C'EST AGRÉABLE D'ÊTRE BIEN AVEC LES GENS ! »

Sébastien, 23 ans : « J'ai une règle d'or : faire naître au moins un sourire dans une journée. Et ça marche ! Avec mes colocataires, la gardienne de l'immeuble, les commerçants du quartier, les caissières du supermarché, le SDF devant le métro, mes amis, ma famille, etc. Tout le temps un petit compliment, une plaisanterie, une félicitation, un trait d'humour, un grand sourire. Je ne rencontre que des gens qui sont contents de me voir et moi, je suis content de rire avec eux, même pour une petite minute seulement. C'est tellement agréable d'être bien avec les gens, la vie est tellement plus simple ! »

➲ *Le caillou magique qui fait se sentir bien*

La **lithothérapie** est le soin par les pierres et cristaux, dont les bienfaits sont nombreux sur le mental, l'émotionnel et le physique.

Voici un exercice efficace basé sur l'autosuggestion, et qui fonctionne sur tout le monde, adultes comme enfants.

- Rendez-vous dans une boutique spécialisée dans les pierres et cristaux, de préférence qu'on vous aura recommandée, et **choisissez une pierre qui « vous parle »** : celle qui vous plaît le plus, qui vous « appelle », dont la couleur, le toucher, le poids, la forme vous séduisent. Ne réfléchissez pas : **laissez parler votre instinct.**
- Une fois chez vous, installez-vous confortablement, au calme. Si nécessaire, faites au préalable l'exercice respiratoire de la p. 179 pour vous détendre. Puis fermez les yeux. **Vous allez maintenant ancrer une émotion positive en vous :**

① **Choisissez une émotion, un état positif que vous voulez ressentir :** joie, tranquillité, apaisement, confiance en vous, etc.

② **Choisissez une expérience ou une situation marquante associée à cette émotion ou cet état, quelque chose que vous avez déjà vécu :** en fouillant dans votre mémoire, vous retrouverez ce qui a provoqué cette émotion ou cet état. Prenez le temps de bien vous en imprégner, de bien ressentir l'émotion ou l'état en question et de bien revivre la situation comme si vous y étiez de nouveau. Rappelez-vous comme vous étiez bien à cet instant, les sentiments positifs qui vous ont envahi alors, retrouvez le bien-être que vous avez pu ressentir. Remémorez-vous les sons, les images, les odeurs qui vous environnaient et qui se sont associés naturellement à cette situation.

③ Tout en visualisant cette situation et l'émotion ou l'état positif que vous aviez ressenti alors, **serrez votre pierre dans votre main** (gauche ou droite, peu importe ; celle qui vous va le mieux).

④ Ouvrez les yeux, faites quelques pas, puis réinstallez-vous et **recommencez les étapes 1 à 3, en reprenant la même situation**. Refaites l'exercice encore 1 ou 2 fois.

Vous avez ancré cette émotion en vous. Désormais, chaque fois que vous referez le geste de serrer votre pierre de la même manière, vous activerez cette émotion ou cet état positif et le ressentirez pleinement. Petit à petit, vous ressentirez de plus en plus facilement cette émotion ou cet état, jusqu'à ne plus avoir besoin de l'activer par la pierre, et le bien-être qui s'installera en vous vous fera ressentir spontanément d'autres émotions positives. Vous entrerez ainsi dans un cercle vertueux : **plus vous vous sentirez bien, mieux vous serez avec vous et mieux vous serez avec les autres.**

5 PETITS CONSEILS POUR L'AMOUR DE SOI	
1	Quand vous avez une parole négative contre vous, demandez-vous : « Aimerais-je que quelqu'un me dise cela ou me parle comme ça ? »
2	Quand vous vous reprochez une action du passé, vous vous jugez hors contexte et hors émotion. Rappelez-vous que vous avez agi de la manière qui vous semblait la meilleure compte tenu de qui vous étiez à cet instant, de ce que vous ressentiez et de ce que vous possédiez (informations, possibilités, capacités, etc.) et ce n'est qu'ensuite que votre reproche est arrivé. Soyez indulgent pour vous et tirez-en une leçon.
3	Quand vous vous désespérez de ne pas obtenir ce que vous souhaitez, recensez alors tout ce que vous avez (biens matériels, relations, etc.), énumérez-en les qualités et appréciez la chance de les avoir.
4	Quand vous avez réussi quelque chose facilement, ne vous dites pas « Oh, c'était facile ! ». Dites-vous plutôt : « C'est bien, je l'ai fait. Je suis content/fier de moi. »
5	Quand vous doutez complètement de vous, prenez le temps de lister toutes vos réussites, petites et grandes, depuis votre naissance à aujourd'hui. Toutes ! Et constatez que vous avez plein de capacités et de réussites concrètes !

• • •

FAIRE DU BIEN POUR SE FAIRE DU BIEN

Plus encore qu'une contagion, être bien avec soi, et donc bien avec les autres, c'est un retour sur investissement. Parce que **ce que vous donnez vous est donné en retour**.

Ruiz l'illustre avec un exemple très simple. Si je vous agresse verbalement, que vous soyez pour moi une relation ancienne ou un inconnu dans la rue, en apparence, c'est vous que j'ai insulté. Mais en réalité, **j'ai commis une faute à mon encontre**, parce qu'en vous parlant ainsi, l'émotion négative que je vous envoie génère en vous et en retour une autre émotion négative à mon égard. Par exemple, vous allez vous mettre en colère et m'insulter également. C'est tout le problème d'un conflit où **chacun renvoie à l'autre tout le poison émotionnel qu'il a reçu, en l'amplifiant à chaque fois.** À la longue, l'un des protagonistes (ou tous les protagonistes) finit par être blessé, parfois si gravement que la plaie mettra très longtemps pour se refermer – si elle se referme.

Imaginez qu'un individu vous bouscule dans la rue, peut-être par mégarde. Si vous l'injuriez parce que vous estimez qu'il vous a gêné, vous lui envoyez votre poison émotionnel. Qu'allez-vous recevoir en retour ? Son agacement, sa colère ou sa haine. Il vous retourne donc ce que vous lui avez envoyé. En l'agressant verbalement et en dirigeant votre colère contre lui, **c'est finalement à vous-même que vous nuisez.**

À noter

Très souvent, si vous vous énervez, si vous injuriez pour si peu, si votre réaction négative est disproportionnée, c'est probablement que **vous avez une difficulté avec vous-même** (manque d'estime, croyances négatives, etc.). D'où l'importance de s'estimer soi-même pour apprendre, peu à peu, à renvoyer la même chose à l'autre. S'il n'y a pas de colère en moi, il y a nettement moins de chance (sauf comportement de votre part qui la justifierait réellement) que j'en manifeste à votre égard.

En outre, **chaque poison émotionnel met un certain temps à se digérer.** Chacun rumine après l'incident : par exemple, vous pensez que vous auriez dû mieux dire ceci, ou bien vous culpabilisez de vous être laissé emporter, de ne pas avoir été correct, d'avoir sans doute blessé cette personne, etc. Cela ajoute d'autres conséquences négatives. L'autre devient une sorte de miroir, parfois déformant, de vous-même qui vous renvoie l'image de qui vous avez été dans l'instant de cette relation, aussi courte soit-elle.

TÉMOIGNAGE

« JE ME SOUVIENDRAI TOUJOURS DE SON VISAGE EFFRAYÉ... »

Jean-Jacques, 56 ans : « Je roule beaucoup et les gens conduisent mal. Ça me rend très nerveux et agressif. Un jour, j'ai ouvert la fenêtre et j'ai "assassiné" verbalement une vieille dame qui m'empêchait de passer. Je m'en suis voulu pendant des jours. Elle n'y était pour rien, finalement, et son visage avait exprimé un tel désarroi... Jamais je n'aurais dû lui parler comme ça. C'était vulgaire et méchant. Je ne la reverrai sans doute jamais, mais qu'est-ce que j'aimerais lui présenter mes excuses. Je me suis comporté comme un imbécile. Je crois que je me souviendrai toujours de son visage effrayé et que j'en aurai toujours honte... »

Voilà bien le risque de blessures réciproques quand on use d'une parole qui n'est pas impeccable. Ruiz continue ainsi : « Si je me mets en colère et que je vous envoie mon poison émotionnel par la parole, je l'utilise contre moi-même ». Il y a là un effet boomerang : je reçois ce que j'ai envoyé. **Nos paroles fonctionnent comme des aimants** : celles qui sont douces attirent d'autres paroles douces, celles qui sont agressives appellent d'autres paroles agressives.

Puisque ce que vous donnez à l'autre vous revient, vous comprenez bien que, si vous lui envoyez de la douceur, de l'amour, du respect, de la gentillesse, vous recevez en retour de l'apaisement, du contentement et la joie d'une relation constructive et épanouissante. Mais si vous lui adressez quelque chose de négatif, ce négatif vous revient d'une manière ou d'une autre. **Nous pouvons nous polluer gravement**

par ce que nous envoyons : en blessant l'autre, nous nous blessons aussi. En ayant une parole qui n'est pas impeccable, nous causons du tort à autrui et à nous-mêmes.

C'est pourquoi le premier accord, « Que votre parole soit impeccable », s'exprime sur le mode impératif : **tout le monde y gagne**, comme une application du proverbe « Un bienfait n'est jamais perdu », parce qu'il y a circularité de l'amour de soi et de l'amour de l'autre, chacun s'augmentant réciproquement.

Chapitre 4

Parler sans juger

Nous entendons souvent dire qu'« il ne faut pas juger ». Pourtant, **nous jugeons en permanence**. Quand je dis : « Il fait froid », je porte un jugement sur la température — vous pouvez, vous, trouver au contraire qu'il fait doux. Quand je dis : « Cette musique est abominable », je porte aussi un jugement — celui qui l'a composée l'a certainement trouvée superbe ! Et ainsi de suite. Que ce soit sur les événements, les personnes, les projets, le passé, l'avenir, les croyances, sur tout en fait, nous affirmons sans cesse nos préférences, nos goûts, nos plaisirs ainsi que nos aversions, nos antipathies ou nos déplaisirs. Il n'est donc pas question de ne pas juger, car ce n'est pas possible. Et même écrire cela est en soi un jugement !

Ce qu'il faut, en revanche, et dans la lignée du premier accord toltèque, c'est **juger de manière impeccable, c'est-à-dire non négativement, en respectant l'autre en face** qui a peut-être un avis complètement opposé sur la question. Le jugement négatif, **c'est celui qui abîme, qui agresse, qui n'est pas respectueux et donc pas impeccable**. Le problème, c'est qu'il est très difficile de ne pas juger l'autre alors que nous savons pertinemment que nous avons raison et qu'il a tort.

Vraiment ?...

CHACUN A RAISON ET TORT À LA FOIS

C'est l'une des caractéristiques de l'être humain que de se croire le centre d'un monde autour duquel le reste gravite. **Nous sommes alors persuadés que les autres devraient penser, ressentir, parler et agir comme nous-mêmes pensons, ressentons, parlons et agissons.** Nous voudrions que les autres fonctionnent comme nous. Mais comme ce n'est pas possible puisque nous sommes tous différents, nous avons alors tendance à ne pas comprendre leur manière d'être et de faire, à les refuser et à y porter un jugement négatif.

N'oublions pas que, dans la même logique, les autres réagissent pareillement à notre égard : ce que nous jugeons merveilleux est, pour certains, inadmissible et inversement. C'est ainsi que naissent les conflits, puisque chacun d'entre nous estime, avec de multiples preuves et arguments à l'appui, qu'il a parfaitement raison et que l'autre a donc... parfaitement tort.

« Sur toutes choses, on peut faire deux affirmations exactement contraires. »
PROTAGORAS

➔ *Le jeu du j'aime/j'aime pas*

Voici un jeu que vous pouvez faire avec votre enfant pour lui apprendre **la diversité des goûts et des opinions**.

Prenez 5 reproductions de tableaux de peintres différents. Par exemple : Monet, Picasso, Rembrandt, Dalí et Cézanne. Demandez à votre enfant de vous dire ce qu'il aime et ce qu'il n'aime pas. Règle du jeu : pas de « c'est pas beau », « c'est moche » ou « c'est magnifique », etc. Demandez-lui de s'exprimer ainsi : « Je n'aime pas/J'aime parce que... » Quand il a terminé, faites vous aussi l'exercice.

Vous lui apprenez ainsi :

- **à utiliser le « je » ;** cela lui permet de comprendre que c'est sa manière de voir et que chacun a des goûts différents sans avoir pour autant tort ou raison ;
- **à exprimer les raisons** pour lesquelles il apprécie ou pas quelque chose (d'où l'importance du « parce que ») ; l'argumentation n'est pas toujours facile : autant apprendre à la développer jeune !
- à comprendre qu'**une personne proche peut aimer ce qu'il n'aime pas, et inversement**.

Il ne s'agit pas de lui dire qu'il n'a pas saisi quelque chose ou n'a aucun sens esthétique ! Il s'agit juste de lui faire comprendre qu'il peut ne pas aimer pour telle raison et que vous pouvez aimer pour telle autre raison. Réciproquement, cela lui fait comprendre que vos goûts ne sont pas abominables, mais juste différents des siens.

LES CONSEILS EN +

› Variante : demandez à votre enfant de chercher dans sa chambre 5 objets qu'il aime ou qu'il n'aime pas, puis de vous dire, de la même manière, pourquoi il les aime ou pas. Ensuite, c'est à vous d'apprécier ou non ces objets.

› Avec les adolescents, remplacez les peintures par un morceau de musique. Par exemple : jazz, rock, classique, variété et musique d'ambiance. Puis, procédez de même.

› Enfin, pourquoi ne pas étendre cela aux grands ? Si vous avez un conflit d'opinions avec un proche, proposez-lui ce jeu, histoire de calmer les esprits et de vous remettre en tête tous deux que vous pouvez ne pas avoir les mêmes avis sans que personne n'ait tort ni raison, et sans que cela ne soit grave !

• • •

Cette diversité fait la richesse de l'espèce humaine, mais aussi la complexité de sa communication. Existe-il une réalité une et unique ? Nous l'avons vu avec un exemple tout simple : je dis qu'il fait froid et vous trouvez qu'il fait chaud. La réalité, c'est le thermomètre : il fait 18 °C. Ce que nous exprimons, vous et moi, n'est donc pas la réalité, mais ce que nous *ressentons*. **Nous avons souvent tendance à considérer comme objectif et universel ce qui n'est en fait que subjectif et personnel.** Alors qu'en réalité, personne n'a tort... ni raison.

JUGER SUR LE MODE DU « JE »

Pour que la parole demeure impeccable, exprimez alors un jugement **à partir de vous**, c'est-à-dire à partir de la manière dont **vous considérez quelque chose**, non pour enfermer l'autre dans ce que vous pensez, mais au contraire pour aller vers lui en lui laissant ainsi la liberté de ce qu'il ressent de son côté ; non pour affirmer une réalité intangible, mais **pour décrire seulement la vôtre, celle que vous percevez.**

➔ *Vos jugements au crible de la parole impeccable*

Pour l'exprimer plus simplement, voici quelques exemples de nos jugements courants et de la manière dont nous pouvons les reformuler par une parole impeccable :

CERTAINS DE NOS JUGEMENTS REFORMULÉS EN PAROLES IMPECCABLES	
NE DITES PAS :	**DITES PLUTÔT :**
« Tu es incompréhensible. »	« Je ne saisis pas ce que tu me dis. »
« Tu ne m'écoutes jamais quand je te parle ! »	« J'aimerais que tu sois attentif à ce que je te dis... »
« Tu n'as rien compris à ce qui s'est passé. »	« Je crois que tu ne disposes pas de tous les éléments. »

CERTAINS DE NOS JUGEMENTS REFORMULÉS EN PAROLES IMPECCABLES	
NE DITES PAS :	**DITES PLUTÔT :**
« C'est nul, ce que tu fais ! »	« Je n'apprécie pas ta manière de faire. »
« Ils disent n'importe quoi. »	« Je ne partage pas du tout leurs idées. »
« Arrête avec cette musique ! »	« J'ai besoin d'être au calme. »
« C'est idiot, de pleurer pour ça. »	« J'ai l'impression que tu es très sensible. »
« Tu n'es jamais là ! »	« J'aimerais que tu passes plus de temps avec moi. »
« Tu n'y arriveras jamais comme ça. »	« Je ne suis pas sûr que ce soit la bonne manière de faire. »
« Qu'est-ce que tu es vexant ! »	« Je me sens blessé par ce que tu me dis. »
« Tu as tort ! »	« Je ne suis pas d'accord avec toi. »

• • •

Bien évidemment, il existe mille autres manières de les reformuler. L'idée, c'est d'exprimer à l'autre ce que vous, vous ressentez, au lieu de porter un jugement prétendument universel qui condamne ce que lui ressent. Cela consiste à **utiliser le « je »** : de cette manière, vous exprimez **ce que vous ressentez personnellement** – là est la différence essentielle. En effet, le « tu » est souvent ressenti comme agressif, car signifiant que ce que l'autre pense, ressent, dit ou fait n'est pas ce qu'il faut penser, ressentir, dire ou faire. Quand vous dites « je », **vous prenez la responsabilité de vos pensées et de vos actions**. En recentrant votre parole sur ce que vous ressentez, vous évitez que l'autre n'ait l'impression d'être attaqué.

LE CONSEIL EN +

Si vous avez encore un doute, réfléchissez à votre réaction quand quelqu'un prononce à votre encontre les jugements de la colonne de gauche du tableau ci-avant. Ça vous agace, n'est-ce pas ? Alors c'est sûrement pareil pour votre interlocuteur quand c'est vous qui les prononcez.

Il n'y a pas de problème en soi, pas plus que de température trop froide ou trop chaude. Si une situation vous dérange ou vous heurte, c'est parce qu'elle est liée à la perception que vous en avez. Quant à votre interlocuteur, il en a une perception différente, voire opposée. Tout aussi vraie et tout aussi fausse que la vôtre, mais en fait tout aussi légitime puisque reflétant sa manière propre de percevoir les choses. C'est souvent difficile à admettre, tant nous avons la certitude de percevoir correctement, nous, et pas l'autre ! **Un conflit est quasiment toujours la confrontation de deux (ou davantage) perceptions différentes d'une même situation.** Chaque point de vue a sa légitimité, mais si vous agressez l'autre, vous prenez le risque d'être agressé en retour puisque chacun estime… avoir raison !

« Ce qui est vérité pour l'un
peut être erreur pour l'autre. »
GANDHI

En précisant que vous décrivez une situation selon votre point de vue, vous n'agressez plus. Votre intention (rappelez-vous son importance ! – voir p. 27) est alors simplement de dire ce que vous percevez, et non de nier ce que l'autre perçoit. **Votre parole devient impeccable parce qu'elle reflète ce que vous pensez tout en respectant l'autre.**

À noter

Nous l'avons vu plus haut : les mots acquièrent leur pouvoir créateur ou destructeur par la façon dont vous les exprimez, qui elle-même dépend de votre intention. Vous pouvez dire à un ami : « C'est vraiment nul, ce que tu racontes ! » avec complicité, bienveillance et dans un grand éclat de rire qu'il partagera sans difficulté avec vous, ou lui asséner la même phrase d'un ton glacial qui générera chez lui une émotion de colère ou d'abattement. **Ce qu'il ressentira ensuite dépendra donc directement, au moins pour une part, de votre intention d'origine.**

À BAS LA LANGUE DE BOIS !

Il vous arrive certainement d'avoir envie de **dire quelque chose de peu agréable** à une personne concernant ce qu'elle a dit ou ce qu'elle a fait (ou pas fait). Si vous le lui dites « brut de décoffrage », vous allez la braquer, la vexer ou la blesser. Et si vous « tournez autour du pot », vos propos ne seront pas assez clairs et risquent d'être mal interprétés.

➔ *S'exprimer sincèrement et... impeccablement*

Voici une technique qui permet d'exprimer son désaccord sans heurter. D'abord, posez-vous cette question essentielle : **« Ai-je vraiment besoin de dire à l'autre ce que je m'apprête à lui dire ? Est-ce bénéfique pour lui/pour moi/pour notre relation ? »**

Si la réponse est « oui », la suite se passe en 3 temps :

① **Demande.** Dites simplement à votre interlocuteur : « J'ai horreur de la langue de bois. Est-ce que tu me permets de te dire franchement ce que je pense de... ? » Dans quasiment 100 %

des cas, l'autre vous en donnera la permission, affirmant qu'il n'aime pas non plus la langue de bois.

② **Précision.** Ajoutez que ce ne sera pas nécessairement agréable, mais que vous avez besoin de dire comment vous, vous voyez les choses. Dans quasiment 100 % des cas, votre interlocuteur vous demandera de le lui dire et vous accordera 100 % d'écoute.

③ **Formulation.** Commencez toujours vos phrases par : « De mon point de vue... », « Si j'ai bien compris... », etc. Ramenez l'expression à vous pour exprimer comment vous voyez les choses. Utilisez le « je » ; évitez le « tu » négatif ou accusateur (« tu as eu tort de... », « tu n'aurais pas dû... » — voir p. 51).

Pour finir, **donnez-lui la parole**. En effet, ce que vous avez dit ne doit pas clore la discussion, mais au contraire l'ouvrir. Terminez donc par : « Voilà ce qu'il me paraissait nécessaire de te dire. Qu'en penses-tu ? » Et discutez-en ensemble — sans dialogue de sourds !

LE CONSEIL EN +

Vous procéderez de la même manière lorsque vous souhaitez donner un conseil à quelqu'un — l'intention de départ est, certes, bienveillante, mais elle peut parfois être mal reçue par l'autre (« il croit savoir mieux que moi », « il essaye de me dominer », etc.) :

1. Expliquez que vous ne voyez pas les choses de la même façon, que vous avez un point de vue différent ou que vous n'avez pas compris les choses de la même manière.
2. Demandez la permission (« Est-ce que tu me permets de te dire ce que j'en pense/comment je vois les choses/comment je crois que tu aurais pu procéder ? ») et attendez qu'il vous y autorise.
3. Exprimez-vous (toujours sur le mode du « je »), puis demandez-lui son avis sur la question.

• • •

LES 8 CLÉS POUR DONNER SON OPINION

Voici quelques conseils supplémentaires pour partager votre opinion et émettre un jugement **de manière impeccable, en respectant l'avis de l'autre**.

Ainsi, **évitez** :

- ✘ de dire à l'autre qu'il a tort (qu'il est stupide, qu'il ne comprend rien, etc.) si son opinion n'est pas la même que la vôtre ;
- ✘ de parler de plus en plus fort et de couper la parole ;
- ✘ d'adopter une attitude menaçante (pousser des jurons, taper sur la table, agripper votre interlocuteur…) ;
- ✘ d'affirmer que vous en savez plus, que vous connaissez mieux, que vous seul avez raison.

Mais **privilégiez** :

- ✔ une demande d'argumentation/de précision pour être certain de bien comprendre ce que l'autre vous dit ;
- ✔ le « je » pour préciser *votre* point de vue (au lieu du « tu » qui agresse ou accuse) ;
- ✔ un dialogue courtois : exposez que vous comprenez son point de vue et demandez-lui qu'il comprenne à présent le vôtre ;
- ✔ une parole impeccable, c'est-à-dire qui respecte et ne nuit pas.

Si, malgré cela, la discussion est particulièrement animée et tend à devenir agressive, posez-vous la question : **ce dont on parle est-il vraiment important pour moi ou pas ?** Si ça ne l'est pas vraiment, à quoi bon continuer au risque de se blesser mutuellement ? Fuir n'est pas nécessairement lâche : c'est parfois un acte de courage pour faire taire son ego et préservez une harmonie.

Chapitre 5

Un accord pas toujours évident à mettre en œuvre

Nous l'avons vu (voir p. 27), le chemin le plus simple pour une parole impeccable, c'est d'être en harmonie avec soi-même pour l'être avec les autres. Les personnes heureuses ne sont pas des personnes agressives. Au fur et à mesure que votre parole devient impeccable par rapport à vous-même, elle le devient également avec les personnes que vous côtoyez. Vous vous offrez alors la possibilité de relations plus fluides et d'une vie plus sereine.

Cela dit, soyons lucides, ce n'est pas si simple ; réalisable, oui, mais il faut garder conscience que des obstacles barreront inévitablement votre route.

QUAND LES RELATIONS SONT DIFFICILES

Il y a, inévitablement, **des personnes avec qui vous ne vous entendez pas.**

Si c'est quelqu'un que vous ne reverrez jamais, passez votre chemin et oubliez. Si, en revanche, c'est une personne que vous devez côtoyer fréquemment, **cette mésentente peut coûter cher pour vous, pour**

elle et pour les autres qui vous entourent. Ce peut être un collègue, un patron, un membre de votre équipe, un voisin, le meilleur ami de votre conjoint, etc. Vous voyez cette personne tous les jours ou régulièrement. Bref, vous devez « composer avec ». Si vous ne faites rien, il ne se passera rien et les conflits continueront au détriment de tous. Toute l'énergie négative ainsi dépensée absorbe une grande part de l'énergie positive que vous pourriez déployer utilement ailleurs. **À vous, donc, de prendre l'initiative.**

➔ *Changez l'image que vous en avez*

Prenez tout le temps nécessaire pour remplir le tableau suivant, au calme, et soyez conscient que votre petite voix intérieure, alimentée par des émotions négatives, va revenir à l'assaut plusieurs fois. Même si elle est fausse, elle a de la force ! Persévérez, car vous êtes plus fort que votre discours interne et que vous avez tout à y gagner. Et pour les preuves, cherchez des exemples concrets, circonstanciés, précis.

NOM DE LA PERSONNE :	PREUVES
Ce que cette personne réussit régulièrement :	
Ses qualités relationnelles :	
Les traits de caractère/de personnalité que j'apprécie chez cette personne :	

Cet exercice a un impact très fort pour améliorer votre lien et votre relation avec cette personne. Quelques pistes pour vous y aider :

- **Ce que cette personne réussit régulièrement :** honnêtement, elle ne rate pas systématiquement tout ! Même si vous ne l'appréciez guère, il y a bien des choses positives qu'elle sait faire et bien faire.
- **Ses qualités relationnelles :** elle n'est pas en désaccord avec tout le monde. Il y a bien des gens qui l'apprécient, n'est-ce pas ? Et pour des raisons précises : lesquelles ?
- **Ce que vous appréciez chez cette personne :** difficile à dire ? Cherchez bien. Peut-être est-elle fiable ? Ponctuelle ? Travailleuse ? Organisée ? Inventive ? Drôle ? Cultivée ? Dynamique ?

L'objectif n'est pas de faire de cette personne un ami avec qui vous partirez en vacances ! Il s'agit d'en avoir une vision légèrement plus positive pour que vos relations soient moins tendues et plus cordiales.

De plus, **si vous changez votre vision de l'autre, l'autre va aussi changer sa vision de vous**. Petit à petit, au lieu de vous affronter, vous allez apercevoir le début d'un dialogue respectueux et constructif. À vous de voir si cela est suffisant pour que chacun se sente bien ainsi ou si vous voulez faire un pas de plus. Refaites alors cet exercice et voyez comme la relation s'améliore. Les paroles de l'un et de l'autre vont devenir de plus en plus impeccables !

• • •

UNE PAROLE ÉCRITE AUSSI IMPECCABLE QU'À L'ORAL

Il est un domaine auquel notre époque a donné une forme nouvelle et importante : **l'écrit**. Les e-mails, tweets, textos et autres commentaires sur les réseaux sociaux ont peu à peu pris une grande place dans notre manière de communiquer.

Or, tout ce que nous avons dit précédemment à propos des paroles que nous prononçons vaut bien évidemment pour tout ce que l'on écrit. Souvent, sous couvert d'anonymat ou de virtualité, des personnes utilisent ces supports de communication comme véritables « défouloirs » d'invectives, de propos vulgaires ou haineux, même avec des interlocuteurs qu'elles n'ont jamais rencontrés ! C'est tout simplement qu'**une émotion de colère non maîtrisée surgit brutalement parce qu'un inconnu ne partage pas la même opinion** et que la personne se sent, à tort ou à raison, attaquée ou critiquée. Et qu'il est beaucoup plus facile de laisser s'exprimer ses émotions derrière la protection d'un écran.

TROIS PRISES DE CONSCIENCE AU SUJET DES RÉSEAUX SOCIAUX

En cas de désaccord profond sur un sujet, quelle attitude adopter **pour que votre parole écrite demeure impeccable** ?

› Prenez d'abord conscience de la **virtualité du lien** : insulter une personne que vous ne connaissez pas et ne rencontrerez jamais, cela a-t-il vraiment du sens ?

› Prenez également conscience qu'une telle réaction est plutôt primitive : abandonner toute raison pour laisser se déchaîner ses émotions, **est-ce être civilisé ?** Vous conduiriez-vous de la même manière si la scène se passait dans la rue ?

› Prenez conscience enfin **de ce que vous ressentiriez si c'est à vous que l'on adressait ce que vous écrivez à l'autre** — des sentiments très négatifs, à n'en pas douter.

Ces trois prises de conscience vous aideront à ne pas vous entêter et à abandonner un conflit d'opinions qui, à la vérité, n'en vaut pas réellement la peine.

Certes, il n'est pas toujours facile de conserver son calme face à certains propos qui nous agressent, nous choquent et nous heurtent. Mais **en prenant un peu de recul**, vous découvrez rapidement s'il est possible d'avoir un dialogue constructif et courtois, ou bien si celui-ci est impossible car les émotions sont trop puissantes. Si votre interlocuteur ne vous « entend » pas, il est parfois préférable de **quitter l'échange**.

Protégez votre sérénité ! Ne dépensez pas en pure perte une énergie que vous pouvez réserver **aux gens que vous aimez ou aux échanges qui vous enrichissent et vous font du bien**.

ATTENTION AUX MÉDISANCES !

Certaines personnes véhiculent, consciemment ou non, des informations fausses, négatives et malveillantes ou apportent leur contribution à des ragots et médisances, que ce soit oralement ou sur Internet. Soyons honnêtes : il nous est tous arrivé de faire de même. Parfois sans intention mauvaise aucune, par pur souci d'information, parfois pour nous « sentir mieux » (quand je colporte l'idée qu'Untel/Unetelle a fait ceci ou qu'il est comme cela, je ne me focalise plus sur mes défauts ou je les juge moins sévèrement par comparaison à lui/elle).

Mais vous admettrez sans peine qu'il est **difficile d'aspirer à des relations sereines avec les autres quand on contribue à leur nuire, même sans mauvaise intention**. D'abord, parce que les personnes concernées peuvent l'apprendre et se retourner contre vous ; ensuite, parce que ceux auprès de qui vous colportez ces médisances peuvent se faire une bien mauvaise opinion de vous ; et enfin parce que vous supposerez que si vous le faites, les autres peuvent le faire aussi à votre sujet. Difficile de se sentir apaisé dans un tel contexte.

Ne vous blâmez pas (nous l'avons tous fait !), mais demandez-vous simplement : **à quoi sert cette information que je colporte ?** Que m'apporte-t-elle ? Au fond, à part soulager mes propres émotions et mes propres peurs sur moi-même, pas grand-chose. **Si ces échanges ne produisent que du négatif et génèrent des émotions qui polluent, alors autant ne pas y participer.**

➔ *Socrate et les ragots*

Pour mieux le comprendre, songez à ce discours que l'on attribue couramment à Socrate et dans lequel le philosophe fait passer les propos de son interlocuteur au travers de trois filtres : la **vérité**, l'**utilité** et la **bienveillance**. Quand quelqu'un vous raconte quelque chose au détriment d'une ou de plusieurs personnes, faites comme Socrate et posez-vous ces 3 questions :

① **Est-ce vrai ?** En a-t-on vérifié la réalité ? Avons-nous des preuves ? L'avons-nous constaté nous-mêmes ?

② **Est-ce utile à savoir ?** Est-ce que ça apporte concrètement quelque chose de le savoir ? Est-ce que c'est bénéfique pour celui ou ceux dont on parle ? Ou pour moi/nous ? Ou pour d'autres personnes ? Ou pour l'entreprise ? Etc.

③ **Est-ce bienveillant ?** Est-ce que ça donne une belle image de cette personne ? Est-ce que ça peut lui faire plaisir ? Est-ce que ça apporte quelque chose de bon, de positif, d'agréable ?

Si les réponses sont négatives, ajoutez-y ces deux questions :

① Est-ce susceptible d'être blessant ?

② Est-ce que ça peut nuire à quelqu'un ?

Si, là, vos réponses sont positives, alors **fuyez la conversation ou faites silence**. Le cas échéant, **recadrez (de manière impeccable)** celui qui colporte ce ragot : « Je n'ai pas envie d'entendre cela. Mais toi, peux-tu me dire les raisons pour lesquelles tu me le dis ? »

Si vous répondez ainsi, peu à peu, vous allez devenir celui à qui on ne rapporte pas ce genre de propos. Il se pourrait même que vous fassiez aussi prendre conscience aux autres que cela est non seulement inutile et méchant, mais de plus totalement improductif – tout le monde a à y gagner.

Et si c'est vous, le colporteur, avec ce court instant de questionnement, vous saurez rapidement si vous pouvez vous exprimer comme vous l'entendez, s'il est préférable de nuancer ce que vous avez à dire ou s'il vaut mieux carrément vous taire. Ce faisant, vous apportez votre contribution à l'harmonie générale, tant pour vous-même que pour les autres.

LE CONSEIL EN +

Vous pouvez même aller plus loin en demandant à la personne qui rapporte ces médisances : **« Comment te sentirais-tu, toi, si des gens rapportaient les mêmes choses à ton sujet ? »** Si c'est vous qui les rapportez, posez-vous la même question. Cela aide bien souvent à prendre conscience du mal que l'on peut faire en agissant ainsi.

N'oubliez pas que **ce que vous dites, donnez, faites vous revient en retour de la même manière ; autant laisser le négatif de côté.** C'est cela, avoir une parole impeccable.

UN APPRENTISSAGE QUI DEMANDE DE LA PATIENCE

Conclure cet accord avec soi et les autres n'est donc pas chose facile. C'est pour cette raison que Don Miguel Ruiz recommande d'être **patient avec soi-même.** Avoir une parole impeccable ne s'acquiert pas du jour au lendemain, juste parce que nous avons lu quelques pages à son sujet. Nos expériences de vie nous ont souvent conditionnés à faire l'inverse. Ou bien nous pouvons tout simplement être un jour confrontés à une situation particulièrement désagréable, un incident, une maladresse qui nous fera sortir de nos gonds. **Votre parole ne sera pas toujours impeccable en toute circonstance, sachez-le !**

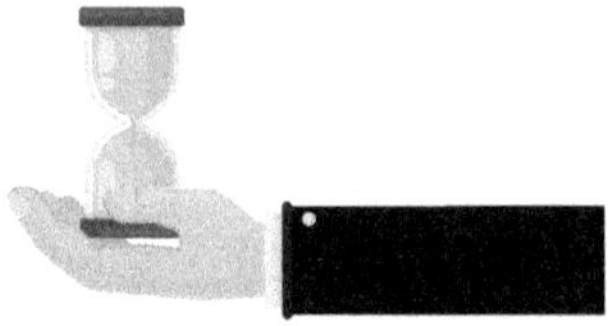

La patience dont parle Ruiz, c'est celle de **tout apprentissage** : on découvre, on expérimente, on hésite, on échoue, on recommence et, peu à peu, **se crée une nouvelle habitude, une autre manière d'être**. Tout doucement, cela finit par installer en nous une sorte de bien-être qui améliore notre relation à nous-mêmes et à autrui.

« Ce n'est pas en tirant sur la tige que l'on fait pousser les roses. »
PROVERBE CHINOIS

À noter

Tout ce que nous apprenons nécessite, de fait, un temps d'apprentissage avant de devenir fluide et automatique. Par exemple, avant de marcher et de gambader allégrement, vous avez chuté un nombre incroyable de fois ! Mais aujourd'hui, vous ne réfléchissez plus à la manière dont vous devez poser vos pieds au sol. Et si parfois vous glissez et chutez, vous ne remettez absolument pas en cause le fait que vous savez marcher. C'est exactement le même processus pour tout apprentissage, dont celui de la parole impeccable.

Des écarts, inévitables, ne devront donc pas remettre en cause la justesse du processus **dès lors que vous maintiendrez votre intention d'adopter une parole impeccable**. Si, un jour, très énervé, vous avez un mouvement d'humeur et une parole désagréable, ne vous affligez pas. Ça arrive, vous êtes un être humain avec ses émotions propres.

En revanche, allez de l'avant et prenez conscience que votre parole n'a pas été impeccable à un instant donné. **Rectifiez votre propos, voire excusez-vous** auprès de la personne que vous avez blessée ; c'est en acceptant ses erreurs et en en tirant quelque chose de constructif que l'on progresse.

Mais soyez souple avec vous-même ; avoir une parole impeccable, c'est aussi reconnaître qu'elle ne le sera pas toujours en toute occasion, mais que **vous ferez de votre mieux** (nous y reviendrons plus tard).

UN PAS APRÈS L'AUTRE

L'écrivain Éric-Emmanuel Schmitt a présenté, lors d'un entretien, une belle définition du pessimiste et de l'optimiste. Face à une situation considérée comme difficile, le premier dira : « C'est difficile et ça va devenir pire. » Le second dira : « C'est difficile et que puis-je faire pour que ça le soit moins ? » À l'origine de cette différence de discours, il y a **une croyance qui nous est propre et qui oriente notre manière de voir les choses dans un sens ou dans un autre.** D'où l'importance de **revisiter nos croyances négatives et de les remettre en cause.** D'où l'importance aussi de développer peu à peu une parole impeccable.

➔ ***Jouez aux synonymes !***

Quand vous avez une croyance négative à propos d'une personne ou de vous-même, il arrive qu'elle vienne d'un mot que vous utilisez et qui renvoie à quelque chose de spécifique. **Cherchez alors un synonyme dont la connotation soit moins négative.**

Illustrons cela. Vous considérez telle personne comme têtue ou bornée. Pourquoi ne pas la voir plutôt comme « opiniâtre » ou « persévérante » ? Vous trouvez qu'Untel est mollasson. Vous pourriez tout aussi bien dire qu'il est nonchalant ou indolent. Ou encore, au lieu de le qualifier de « bordélique », dites-vous qu'il est un peu bohème !

• • •

Il ne s'agit pas de simples jeux de mots : c'est une **manière différente et plus adoucie de considérer une même situation, un même comportement**. Cela change quelque peu votre croyance sur quelqu'un, et ce « quelque peu » est parfois suffisant pour modifier votre perception. Il demande moins d'efforts et son résultat est positif. Que des avantages !

« Entre deux mots, il faut choisir le moindre. »
PAUL VALÉRY

LE MIEUX EST L'ENNEMI DU BIEN

Ne cherchez pas à remplacer absolument une croyance négative par une croyance positive opposée. Si un breuvage est horriblement amer, ce n'est pas en vous disant qu'il est délicieux que vous l'avalerez avec plaisir ! Il est encore et toujours question de patience. Vous gravirez plus facilement la montagne en vous focalisant d'abord sur l'étape intermédiaire que directement sur le sommet.

Remplacez d'abord votre croyance négative par une croyance moins négative, ou neutre, puis, une fois cette première nouvelle croyance acquise, transformez-la en une croyance un peu plus positive, puis « normalement » positive. Focalisez-vous chaque fois sur votre nouvelle croyance, sans vous attacher au but final, en sachant que l'ancienne, de temps en temps, surgira encore parfois avant de s'estomper puis de disparaître.

Dans tous les cas, adaptez votre reformulation à ce que vous ressentez : en somme, **positivez-la, mais sans excès !** Si vous dites : « Je suis le meilleur ! », ça n'a pas de sens, vous sentirez que ça sonne faux. Si vous vous dites, en revanche : « Dans telle et telle situation, je me débrouille très bien », vous savez que vous êtes dans le vrai (les exceptions que vous avez relevées p. 99 vous le confirment). Petit à petit, vous pourrez **« améliorer » cette nouvelle croyance en fonction de nouvelles exceptions qui deviendront... la règle !**

→

Ne cherchez donc pas à penser immédiatement 100 % positif. C'est brutal et inefficace, car cela demande un effort inhabituel, violent, qui peut devenir une contrainte et finir sur un échec, ce qui risque tout bêtement de renforcer ce que vous avez voulu quitter. Viser d'abord 30 ou 40 % est un gain considérable, positif, qui offre bien plus de souplesse. Ensuite, vous grimperez à 50 ou 70 %, et ce sera très bien. Voyez alors si c'est suffisant ou si vous désirez aller plus haut. **Allez à votre rythme, sans vous mettre de pression** ; vous allez de toute façon dans la bonne direction. C'est ainsi que vous progresserez : **lentement, patiemment, mais... sûrement !**

LE CONSEIL EN +

Une opinion, une parole peuvent donc être constructives ou destructrices. Il est toujours possible de les embellir et de les faire grandir, mais si, dans une situation donnée, cela paraît trop difficile parce que trop éloigné de ce que vous pensez réellement, alors gardez le silence. Retenez ce sage conseil du Dalaï-lama : **« Si aider les autres vous paraît trop difficile, essayez au moins de ne pas leur nuire. »**

2

DÉTACHEZ-VOUS DE CE QUI VOUS BLESSE

Dans la vie de tous les jours, dans nos relations avec nos proches, nos collègues, nos amis, nos voisins, et même des inconnus, nous manquons souvent de recul. Quelqu'un va dire ou faire quelque chose qui semble négatif à notre égard et, que ce soit justifié ou non, nous le prenons personnellement et en souffrons.

Or, même quand les mots ou les actes en question nous sont visiblement destinés, nous ne sommes en réalité jamais concernés par eux, parce qu'au final, ils ne viennent pas parler de nous, mais de celui qui les prononce ou les fait. C'est son affaire personnelle à lui. Pourtant, sans cesse, nous ne pouvons nous empêcher de ramener tout à nous et d'en faire une affaire... très personnelle !

Cet accord et les suivants découlent en fait du premier que nous venons de voir : « Que votre parole soit impeccable ». Il est le plus essentiel, puisqu'il vous apprend à vivre en accord avec vous-même et en harmonie avec les autres. Partant de là, les accords qui suivent sont un prolongement plus détaillé des nouvelles habitudes que vous avez commencé à acquérir, pour cheminer plus loin vers le mieux-être et la sérénité.

Le deuxième accord que nous abordons maintenant va se concentrer sur un point qui est source de nombreux conflits dans nos relations aux autres : « Quoi qu'il arrive, n'en faites pas une affaire personnelle. »

Chapitre 1

Chacun sa vision du monde

Dans notre quotidien, nous avons l'habitude de prendre personnellement tout ce qui nous arrive. En faire une affaire personnelle, c'est **penser que nous sommes le centre de tout, que tout nous concerne et que nous sommes responsables de tout**. En apparence, quelqu'un qui est agressif envers vous, qui émet une opinion négative à votre encontre, qui vous insulte ou se met en colère contre vous semble agir en effet *personnellement* contre vous. Vous recevez donc ses propos ou actes négatifs pour ce qu'ils sont – ou ce que vous croyez qu'ils sont –, c'est-à-dire **dirigés contre vous**. Vous vous sentez attaqué, blessé, sous-estimé, méprisé ou autre, vous en souffrez et réagissez en conséquence : le conflit éclate.

Or, sachez-le, tout ce que disent, font ou pensent les autres à votre égard n'a en réalité **aucun rapport de près ou de loin avec vous**.

VOUS ÊTES LE SEUL À DÉTENIR LA VÉRITÉ

Lorsque nous prenons personnellement quelque chose, nous opérons en fait une **confusion**. Nous croyons que ce que les autres disent et font est vrai, **que c'est la réalité, et nous validons leurs paroles et leurs actes** : « S'il dit que je suis un idiot, c'est que ça doit être vrai... » Et cela nous fait du mal.

Le problème n'est pas tant que ce soit blessant ou non ; le problème est que vous croyiez que cela est vrai, parce que **vous confondez la réalité et l'interprétation qu'en fait l'autre de celle-ci**.
C'est ainsi qu'une remarque faite par quelqu'un, même par un inconnu que nous ne reverrons jamais, peut nous vexer, nous attrister ou nous mettre en colère : nous avons pris pour nous cette remarque, comme si elle était une vérité absolue, **comme si cette personne nous connaissait parfaitement**.

➔ *Est-ce vraiment vrai ?*

Imaginez que quelqu'un vous dise quelque chose que vous jugez désagréable ou injurieux. Par exemple : « Tu es complètement idiot ! »

Demandez-vous alors :
- Qu'est-ce qu'il en sait ? Qu'est-ce qui lui permet de le dire ?
- Qu'est-ce qu'il connaît de moi ? Quel accès a-t-il à mes pensées ?
- Que sait-il réellement de moi ?

Ces questions sont si simples qu'au lieu de se les poser… on (sur) réagit ! Reconnaissez que la plupart du temps (toujours ?), **les gens ne connaissent rien de ce que vous êtes vraiment dans votre intimité, vos pensées, votre cœur**.

Alors, que préférez-vous penser :
- que cette personne vous connaît mieux que vous ne vous connaissez vous-même ?
- ou que son jugement lui appartient et que, finalement, son opinion subjective ne vous concerne pas ?

Retenez bien qu'une remarque n'est négative que si vous décidez :
- **qu'elle est négative**, alors que c'est **juste le sens que vous lui donnez**,
- **qu'elle décrit qui vous êtes**, alors qu'elle n'est **qu'une opinion qui ne vous appartient pas.**

• • •

À noter

Aux yeux des autres, vous êtes un iceberg ! Non, vous n'êtes pas glacial... mais ce que l'on voit de vous, ce n'est que la partie émergée de « l'iceberg », à savoir 10 % ! Quatre-vingt-dix autres pour cent de son volume restent cachés sous la surface de l'eau. Alors, comment pourriez-vous connaître, à partir de ces seuls 10 %, la forme entière de ce que vous ne voyez pas ? **Comment pouvez-vous croire que les autres puissent être en capacité de vous définir s'ils ne voient de vous... que 10 % ?**

L'autre ne sait finalement que peu de chose de vous, et même votre père, votre mère ou votre conjoint ne savent pas tout de ce que vous êtes réellement au fond. Pourtant, si vous prenez une remarque pour vous (ou plutôt contre vous), vous allez vous mettre en colère ou en souffrir. En faisant ainsi, vous donnez aux autres un **pouvoir incroyable : celui de décrire votre réalité et de dire (prétendument) la vérité !** Vous prenez pour vous quelque chose dont personne ne peut prouver la véracité (à part vous, qui vous connaissez le mieux) et vous acceptez alors le poison émotionnel qu'ils vous envoient.

7,5 MILLIARDS DE VÉRITÉS !

Il est admis que nous percevons plus de 2 milliards de fragments d'informations à la seconde. Et cependant, notre conscience ne peut traiter, dans cette seconde, qu'un grand maximum de… 10 informations. Cela signifie que nous filtrons une immense majorité de celles que nous recevons avec nos croyances, nos connaissances (ou ignorances), nos expériences de vie, nos valeurs, nos perceptions sensorielles, etc. Cela signifie surtout que **notre perception de la réalité est totalement subjective**. Quand quelqu'un estime exprimer la réalité de quelque chose, **il ne fait qu'exprimer la représentation qu'il s'en fait**.
Comme chacun a sa propre carte de représentations, il y a donc autant de représentations d'une réalité qu'il existe d'êtres humains sur Terre, c'est-à-dire à peu près… 7,5 milliards ! **Il n'y a donc pas de vérité unique accessible, et encore moins exprimable !**
Popularisée au XIXe siècle par le poète américain John Godfrey Saxe, la parabole des « Aveugles et de l'éléphant » illustre nos perceptions multiples d'une même réalité : sept aveugles sont près d'un éléphant. Ils n'en touchent chacun qu'une partie et doivent décrire ce qui est à partir de ce qu'ils ressentent. Pour celui touchant le flanc, c'est un mur, tandis qu'un autre, palpant une défense, assure que c'est une lance. Un troisième, effleurant la trompe, déclare que c'est un serpent. Un autre encore, tâtant une oreille, certifie que c'est un éventail. Et ainsi de suite. Chacun ne décrit donc qu'une partie, mais il en fait un tout. En fait, tous sont dans l'erreur. Chacun étant situé à un endroit différent ne peut comprendre ni même admettre ce que les six autres décrivent s'il ne communique pas avec eux et ne cherche pas à comprendre ce qu'ils perçoivent de là où ils sont.

Vous comprenez donc bien qu'il n'y a que vous, et vous seul, à même de savoir si vous êtes réellement idiot ou non, parce que **vous seul possédez l'ensemble des informations vous concernant**. Les autres, même vos proches les plus intimes (et donc à plus forte raison une simple connaissance ou un parfait inconnu !), sont comme les aveugles de la parabole : ils ne perçoivent qu'une partie de la réalité et imaginent à partir de là un tout qui n'a rien à voir avec ce qui est réellement. **Ils ne sont donc absolument pas en mesure de pouvoir affirmer que vous êtes bien ce qu'ils disent.**

La vérité étant inaccessible à tous, parce qu'irrémédiablement sujette à interprétation, ce que vous prenez personnellement et qui vous provoque tant d'émotions négatives n'est donc tout simplement... pas vrai. Pas comparable à la réalité de ce que vous êtes.

➔ *Le jeu des comparaisons absurdes*

Voici un exercice idéal à faire **avec les enfants**, sous forme d'un jeu de questions/réponses. Les enfants ne sont pas toujours tendres entre eux... Qu'ils soient tout jeunes ou adolescents, ce qui touche à leur identité les atteint autant que nous, voire davantage car ils le prennent au premier degré. Usez alors d'un dialogue à base de comparatifs et n'hésitez pas à y inclure, sur un ton mi-sérieux, des éléments loufoques. **L'humour est un excellent moyen de désamorcer une situation prise au sérieux !**

Prenons cet exemple : votre enfant est triste. La raison qu'il vous expose : « Mon copain m'a dit que j'étais trop gros... »

À chacune de vos questions, demandez-lui de répondre par « oui » ou par « non » :

- Trop gros par rapport à ton professeur ?
- Trop gros par rapport à moi ?

- Trop gros par rapport à une fourmi ?
- Trop gros par rapport à une baleine ?
- Trop gros par rapport à ton oreiller ?
- Trop gros par rapport au voisin ?
- Trop gros par rapport à un bébé ?
- Etc.

Terminez ainsi : « Finalement, chaque fois, tu m'as répondu "non". Donc, personne ne sait par rapport à quoi tu es trop gros. Si personne ne le sait, tu n'es donc trop gros par rapport à rien. Si personne ne le sait et si tu ne l'es par rapport à rien, ça signifie tout simplement *que tu ne peux pas être trop gros*. Ce n'est pas possible. Ça n'a donc aucun sens. **Ton copain t'a dit quelque chose qui n'est pas possible et qui n'a pas de sens.** Qu'est-ce que tu en penses ? »

Si ce n'est pas assez désamorcé et que votre enfant conclut qu'il est en tout cas « trop gros par rapport à mon copain », reprenez le jeu des comparaisons en lui demandant encore de répondre par « oui » ou par « non » :

- Est-ce que toi et lui, vous avez le même nom ?
- Est-ce que vous avez le même prénom ?
- Est-ce que vous habitez au même endroit ?
- Est-ce que vous avez les mêmes parents ?
- Est-ce que vous êtes nés le même jour ?
- Etc.

Terminez ainsi : « Finalement, vous n'avez rien de commun. Pourquoi devrais-tu avoir le même poids que lui ? Pourrais-tu me dire pourquoi est-ce qu'il ne devrait pas, lui, avoir le même poids que toi ? Donc, si on récapitule tout, quand ton copain dit que tu es trop gros, non seulement personne ne peut savoir par rapport à quoi, mais en plus, ton copain et toi n'avez rien de commun. **Est-ce que tu trouves que c'est possible de se rendre malheureux avec quelque chose qui n'existe pas, qui n'a pas de sens et qui ne peut pas être comparé ?** »

LE CONSEIL EN +

Cet exercice fonctionne évidemment très bien avec vous-même ! Vous pouvez le faire seul ou demander à un proche bienveillant de le faire avec vous (ce sera lui qui vous posera les questions). La discussion avec l'autre vous permettra de ne pas rester seul avec les voix intérieures de vos croyances, de prendre du recul par rapport à la situation qui vous blesse et d'apporter la dose de partage et d'humour qui vous aidera à désactiver vos émotions négatives.

• • •

NE CONFONDEZ PAS RÉALITÉ ET INTERPRÉTATION

Ce que disent les autres de vous ne peut donc pas être la réalité : c'est, et la différence est fondamentale, la **projection de leur propre réalité**. Ce qu'ils disent n'est pas ce qui est, mais ce qu'ils *interprètent*. Ce qu'ils disent n'est que l'expression « d'un certain point de vue ». Or, toute perception d'une réalité comporte plusieurs points de vue, voire **autant de points de vue qu'il y a d'observateurs**. Allez au restaurant et constatez-le : vous trouvez le plat agréablement salé, votre voisin de droite le trouve horriblement salé et votre voisin de gauche le trouve fade. Chacun voit **une réalité parmi d'autres** de là où il est.

Nous sommes dans une interprétation permanente de ce que nous appelons « réalité ». De fait, la quasi-totalité de nos conflits relationnels vient de ce que **nous confondons la carte (notre vision de la réalité) et le territoire (la réalité elle-même)** : la carte est un petit aperçu du territoire, un aperçu d'un certain point de vue qui peut varier d'un autre point de vue du même territoire (la représentation n'est pas la même selon qu'il s'agit d'un globe ou d'un planisphère), **mais la carte n'est pas comparable à la réalité du territoire**.

De même, quand quelqu'un dit que vous êtes un idiot, c'est une représentation de vous parmi tant d'autres propre à son auteur, mais ce n'est certainement **pas comparable à la réalité de ce que vous êtes**.

Vous comprenez bien alors que ce que dit, pense ou fait l'autre à notre égard ne peut être pris personnellement, puisque cela n'a en fait aucun rapport avec la réalité et n'est qu'une projection ce qu'il perçoit *subjectivement* de la réalité.

➔ *Mettez-vous à l'abri dans votre bulle*

Un collègue, un proche, une connaissance vous dit des choses désagréables. Voici une méthode très simple pour ne pas en être atteint.

Imaginez et visualisez une bulle tout autour de votre tête qui s'épaissit tranquillement, comme si vous étiez dans un scaphandre. Cette bulle est transparente : vous pouvez voir la personne qui s'adresse à vous, mais les parois sont épaisses et vous ne l'entendez pas, ou très mal.

Imaginez même que la paroi de cette bulle est élastique : les mots de la personne tapent contre elle et rebondissent loin de vous. Ils ne vous atteignent pas ; **vous êtes protégé**.

Faites cet exercice chaque fois que l'on vous dit quelque chose de désagréable : cela vous aide à apaiser vos émotions et à être moins perméable aux paroles qui peuvent vous blesser. C'est également un très bon exercice pour aider vos enfants à se protéger des propos blessants, car ils sont naturellement sensibles et réactifs à la dimension imagée des visualisations de ce genre.

• • •

Avec cet exercice, vous apprendrez à vous protéger du poison émotionnel que peuvent vous envoyer les autres.

Mais, plus que cela, il convient de comprendre ce qui est réellement en jeu pour ne plus en être blessé, avec ou sans bulle.

Chapitre 2

Une affaire de pouvoir

Don Miguel Ruiz explique : « Lorsque vous faites une affaire personnelle de ce qui vous arrive, vous vous sentez offensé et votre réaction consiste à défendre vos croyances, ce qui provoque des conflits. Vous faites tout un plat d'un petit rien, parce que vous avez besoin d'avoir raison et de donner tort à autrui. »

Là est le problème : parce que nous nous sentons agressés, attaqués, méprisés, etc. par ce que l'autre a dit ou fait contre nous, **nous voulons nous défendre et lui montrer qu'il a tort, et c'est ainsi que naissent les conflits**.

Il suffirait donc de se dire que ce que l'autre affirme n'est pas vrai et de passer son chemin, non ?

NE SURTOUT PAS PERDRE LA FACE !

Pourtant, même si vous avez compris cet accord, vous ne savez pas très bien quoi en faire. « Mon chef m'a dit que je suis incompétent et... ensuite ? Ne pas en faire une affaire personnelle, je veux bien, mais alors, je laisse dire ? Je ne réagis pas ? Je me laisse humilier/insulter tranquillement ?... Non, vraiment, je ne vois pas comment réagir autrement que personnellement ! » Votre point de vue est compréhensible, car cet accord semble l'inverse de ce que l'on nous enseigne : « Il est important que tu saches te faire respecter. »

Vous entrez alors dans une **lutte de pouvoir**. Si vous vous sentez agressé, c'est parce qu'en le prenant pour vous, vous réagissez comme s'il énonçait une vérité. Ce n'est que la sienne, mais vous voulez rétablir une autre « vérité », la vôtre ; vous considérez d'ailleurs qu'elle est la seule vraie. Il y a là un **conflit de croyances** : Untel croit telle chose de vous et vous, vous croyez autre chose de vous.

➔ *Désamorcer le conflit par une parole impeccable*

Face aux attaques, nous faisons comme les animaux : nous contre-attaquons, ou bien nous nous soumettons, ou bien encore nous prenons la fuite. Et si, sans adopter l'un de ces trois comportements, vous décidiez simplement de **répondre avec une parole impeccable** ?

Vous apprendrez ensuite à ne plus prendre les choses personnellement, mais commencer par répondre impeccablement à un propos négatif permet déjà de **ne pas entrer dans le conflit** et d'éviter à chacun une bonne dose de poison émotionnel.

SI QUELQU'UN VOUS DIT…	QUE POURRIEZ-VOUS RÉPONDRE ?
« Ce que tu fais est idiot. »	
« Ton comportement est incompréhensible. »	
« Ce que tu dis n'a aucun sens. »	
« Renseigne-toi avant de parler. »	
« Arrête de délirer ! »	
« Tu es habillé n'importe comment. »	
« Tu ne réussiras jamais. »	
« Tu es nul ! »	

LE CONSEIL EN +

Vous pouvez pratiquer cet exercice avec une personne qui vous est proche. Chaque fois qu'elle vous dit une phrase de la colonne de gauche, répondez-lui en accord avec la parole impeccable. Puis, exposez tous deux ce que cela a provoqué en vous : quelle est l'émotion que chacun a ressentie après votre réponse ? Vous aurez ainsi un bon indicateur de la justesse de cette réponse.
En vous y entraînant, vous arriverez de plus en plus facilement à **désamorcer les conflits et à mettre** à distance ce genre de phrases **toxiques**.

• • •

EST-CE RÉELLEMENT SI IMPORTANT ?

Ce conflit de croyances engendre un conflit de pouvoir : chacun se croit légitime dans sa perception et veut dès lors l'imposer à l'autre. Cela tient à la volonté de chacun d'avoir le dessus et de ne pas perdre la face. Mais pourquoi un tel acharnement ?

Nous nous acharnons à ce point parce que, même s'il s'évertue à détruire l'opinion adverse, en réalité, chacun **accorde de l'importance à ce que l'autre lui dit**. Si vous n'y accordiez aucune importance, vous mettriez-vous en colère parce que quelqu'un vous a dit quelque chose auquel vous ne portez aucun intérêt ?

AUTOPSIE D'UNE DISPUTE BANALE
EN 3 TEMPS

Hypothèse de départ : une personne a dit ou fait quelque chose qui n'entre pas dans votre vision de la réalité. Un scénario se met alors en marche :
1. **Vous interprétez à votre façon** : Si vous vous mettez en colère, c'est parce que vous portez un jugement sur ce que l'autre dit ou fait en considérant que c'est injurieux, incorrect, insultant, etc. C'est *votre* interprétation. Vous auriez pu interpréter différemment (« Je laisse dire, ça n'a aucun intérêt », « Il fait de l'humour », « Il dit cela avec bienveillance », etc.).
2. **Vous accordez de l'importance à son jugement :** Pour cette raison (votre interprétation), vous vous y attachez en lui donnant de l'importance. En quelque sorte et sans vous en rendre compte, vous renforcez l'autre dans l'idée qu'il dit vrai. Vous lui donnez donc un grand pouvoir (et en même temps, vous perdez le vôtre).
3. **Vous voulez reprendre le dessus :** Votre objectif est de reprendre ce pouvoir un instant abandonné. L'objectif de l'autre est de conserver le sien. Ce pouvoir, c'est : « J'ai raison (contre l'autre) en disant ou en faisant cela. »
Tous les débats qui finissent en dispute obéissent à ce schéma très simple.

TÉMOIGNAGE

« IL FAIT TOUT UN PLAT POUR RIEN ! »

Maryvonne, 62 ans : « Mon mari se met vite en colère. Le problème, c'est quand il s'arrête au bistrot du village et qu'il parle politique avec les autres. Au départ, ils échangent quelques mots. Ils ne sont pas d'accord, mais ils en rigolent. Mais au bout de dix minutes, ça part en cris et en engueulades ! Si on écoute, c'est dingue : les idées de tous deviennent complètement extrêmes, c'est effrayant ! C'est d'autant plus dingue que ça part presque toujours d'un petit truc de rien du tout. À chaque fois, il fait tout un plat pour rien ! Enfin, pour moi, c'est vraiment pas grand-chose. Mais pour mon mari, c'est comme si on mettait en doute sa virilité. »

➔ *Avez-vous besoin d'y accorder de l'importance ?*

Lorsque vous faites une affaire personnelle de ce que quelqu'un vous dit (par exemple : « Tu es un idiot ! »), prenez un instant pour analyser **s'il est vraiment essentiel, et dans votre intérêt, d'y accorder de l'importance.** Posez-vous les questions suivantes :

- Cette pensée vous fait-elle du bien ou pas ?
- Si cette pensée vous est négative, souhaitez-vous la conserver ?
- Comment vous sentiriez-vous sans cette pensée ?
- Si la discussion avec votre interlocuteur n'a pas un enjeu stratégique ni de bénéfice pour vous, avez-vous un intérêt à la poursuivre ?

Réfléchir à ces quatre points **permettra non seulement à vos émotions de se calmer**, mais vous aidera aussi à **prendre du recul par rapport à la situation.**

• • •

En résumé, vous en faites une affaire personnelle :

- parce que vous prenez automatiquement pour vrai ce qui n'est qu'une *perception* de la réalité ;
- parce que vous y accordez trop d'importance.

On pourrait se dire que, sachant cela, désormais, vous parviendrez facilement à ne plus en faire une affaire personnelle. Mais cet accord recouvre une réalité — pardon : une *vision* de la réalité — un peu plus complexe.

Chapitre 3

Des croyances et des émotions en jeu

En vérité, nous avons beaucoup de mal à ne pas faire une affaire personnelle de tout car **d'autres forces sont en jeu dans l'histoire**, dont il convient d'abord de démêler l'écheveau.

CE SONT NOS CROYANCES QUI NOUS GUIDENT

Nous avons emmagasiné, au cours de notre vie, **de nombreuses croyances, venant pour la plupart de l'extérieur et que nous nous sommes appropriées.** Vous l'avez analysé dans le premier chapitre de cet ouvrage (voir p. 21) : vous croyez beaucoup de choses sur vous, le monde, les autres, la vie.

Or, quand quelqu'un dit ou fait quelque chose de négatif à notre égard, ce n'est pas tant ce qu'il dit ou fait qui nous blesse : **ce sont les croyances en nous que cela active ou réactive.** Et, de même, ce qu'il dit ou fait ne vient pas tant parler de nous, que des **croyances qui lui sont propres**, notamment à son sujet. Quand quelqu'un me dit que je suis idiot, je souffre d'abord et avant tout parce que c'est peut-être une croyance que j'ai déjà à mon égard. Et si l'autre me dit que je suis idiot, il est possible qu'il ressente le besoin de pointer du doigt ma prétendue idiotie parce que c'est une croyance qu'il a lui-même à son sujet.

➔ *Comprenez ce qui vous blesse*

Quels sont les propos ou paroles, récents ou anciens, qui vous ont blessé ? Il ne s'agit pas de vous y appesantir, mais de connaître la raison (souvent une croyance que vous avez sur vous) pour laquelle cela vous a fait mal afin de la diminuer ou de l'éliminer.

Limitez-vous à 8 situations, cela suffit amplement.

DE QUI S'AGISSAIT-IL ? (NOM OU FONCTION DE LA PERSONNE)	**QUE VOUS A DIT CETTE PERSONNE ?**	**POURQUOI CELA VOUS A-T-IL BLESSÉ ?**

S'il y a des répétitions, elles deviennent très intéressantes à analyser :

- **Répétitions sur les personnes :** soit vous attendez trop de ces personnes, soit elles vous sont toxiques. Réduisez alors vos attentes ou bien quittez les relations concernées.

LE CONSEIL EN +

Entourez-vous de personnes positives qui vous respectent et vous traitent correctement. Vous allez développer davantage de confiance en vous et vous serez plus heureux en passant du temps avec elles. (Voir p. 166.)

- **Répétitions sur ce qui a été dit :** cela signifie qu'il y a des points sur lesquels vous êtes très sensible, voire susceptible. Cherchez le moyen de guérir ces blessures encore vives (un livre ? une formation ? un coaching ? une thérapie ?... Quelques exemples : hypnose, programmation neuro-linguistique, Gestalt-thérapie, sophrologie, etc.).
- **Répétitions sur les raisons, les explications :** en fait, vous interprétez. Que vous dites-vous ? Comment formulez-vous cette raison ? Quelle croyance se cache là ? Une fois que vous avez déniché cette croyance, demandez-vous quelle est sa réalité. Quel bénéfice ou quel préjudice vous apporte-t-elle ? Comment pourriez-vous la reformuler pour qu'elle ne vous blesse plus ?

• • •

Nos projections de croyances entraînent donc la plupart de nos affrontements. Beaucoup de psychologues se sont penchés sur ce mécanisme des projections psychologiques. Ils considèrent qu'**autrui est pour nous comme un miroir nous renvoyant des aspects de nous-mêmes que nous n'aimons pas** (notre côté noir, nos zones d'ombre, ce que nous voulons taire ou ignorer de nous-mêmes...). Nous adoptons alors divers mécanismes de défense comme le refoulement, le déni, les complexes, etc. – ou, à l'inverse, des mécanismes d'agression, comme le fait d'insulter ou d'humilier, qui sont en fait des mécanismes de défense par anticipation (« j'attaque avant d'être attaqué ») – afin de **garder l'illusion de notre Moi idéal**. C'est notre ego qui se sent attaqué et qui sur-réagit pour reprendre le dessus et garder sa dignité.

Si vous êtes froissé par une parole, dit Ruiz, c'est aussi que vous accordez une trop grande place, ou plutôt **une mauvaise place, à l'image que vous vous donnez et à l'idée que vous vous faites de vous-même**. Il en résulte que vous donnez de l'importance au **besoin de vous faire accepter par l'autre**. Tout ce qui contrarie ce besoin, forcément, crée une émotion négative. L'ego est blessé.

➔ *En faire une boule et la jeter*

C'est un exercice que l'on conseille de faire **avec les enfants** lorsqu'un problème les affecte, mais que vous pouvez tout à fait **pratiquer pour vous-même** : il permet d'apprendre à **se détacher du problème** et à **s'en débarrasser mentalement**.

Votre enfant ne se sent pas bien : un copain de classe qui ne lui parle plus, quelqu'un qui l'a grondé ou menacé, etc. Il éprouve de l'inquiétude, de la tristesse, de la peur, de la colère... : bref, il est sous le coup d'une émotion qui le gêne ou le paralyse. Tant qu'il prend les choses autant à cœur, il est coincé. Avant de pouvoir discuter rationnellement avec lui, **il faut d'abord faire diminuer cette émotion négative**.

Dites-lui que vous allez faire un jeu rigolo pour enlever son problème – cela le met déjà dans des dispositions plus sereines. Tenez-lui ensuite ce discours :

① « Ferme tes yeux et respire doucement. Bien. Maintenant, ce qui te gêne [copain qui ne parle plus, menace, etc.], peux-tu me dire où ça se trouve en toi ? Tu le sens dans ta tête ? Dans ton cœur ? Au ventre ? Dans les doigts de pieds ? [Laissez-lui le temps de localiser le problème.]

② Parfait. Ça se trouve donc [nommez l'endroit qu'il vous a cité]. Si tu devais en faire une boule, elle serait grosse comment ? [Demandez-lui de vous montrer avec ses mains.]

③ D'accord, et cette boule, elle est comment ? Elle est toute lisse ? Elle a des piquants ? Elle est dure ? Toute molle ?

④ Elle pèse combien, à ton avis ? [Nommez comme référents des objets familiers : une miette de pain, son nounours, son oreiller, le canapé du salon, la voiture...]

⑤ Maintenant, cette boule, elle est transparente ? Elle a une couleur : rouge, verte, bleue, noire... ?

⑥ Bon, donc [nommez le problème en question], c'est devenu maintenant une boule [citez sa taille, sa consistance, son aspect, son poids, sa couleur, etc.] qui se trouve [nommez l'endroit du corps indiqué]. C'est bien comme ça, c'est bien ce que tu m'as dit ?

⑦ Super ! Nous sommes d'excellents policiers, nous l'avons trouvée. Maintenant, on va l'enlever et la mettre en prison pour que tu sois tranquille. Tu peux ouvrir les yeux. Tu peux enlever la boule tout seul ou tu veux que je t'aide ? » [Faites-le mimer ou mimez avec lui le geste : prenez une poubelle ou même ouvrez la fenêtre pour jeter cette boule. Allez ensuite vous laver les mains avec lui pour supprimer tout résidu de cette boule. Puis, félicitez-le pour ce beau travail.]

Toute cette imagination, cette gestuelle et cette symbolique font diminuer la tension émotionnelle. **Votre enfant ne prend plus son problème à cœur et s'en distance.** Vous pouvez donc à présent en discuter sereinement avec lui et l'aider à trouver la solution la meilleure pour lui. Cette « technique » fonctionne bien avec des adultes ; avec un enfant, la symbolique est encore plus forte.

• • •

L'ÉCUEIL DU « PLAIRE À TOUT PRIX »

Vouloir défendre l'image idéale que vous voulez adresser aux autres demande parfois une **très grande dépense d'énergie**. Certains peuvent même se déshonorer pour plaire à autrui. Être blessé dans son ego est une chose ; abandonner tout amour-propre pour satisfaire le plaisir de quelqu'un en est une autre : **on perd alors toute estime de soi et toute confiance en soi, voire jusqu'à son identité.** Ruiz évoque par exemple ces adolescents qui consomment de la drogue pour ne pas être rejetés par leurs copains. On pourrait également citer ces femmes qui esquintent leur corps et leur visage pour demeurer toujours désirables aux yeux de leur mari. Dans ces situations et bien d'autres, **c'est au désir de l'autre que nous obéissons**, et non au nôtre. D'où le risque de vivre pour satisfaire les besoins d'autrui. Nous ne sommes alors plus responsables, mais esclaves, et nous signons un pacte avec une souffrance future.

Cette peur de ne pas être aimé peut créer infiniment de souffrance et rend notre propre Moi artificiel. C'est pourquoi, **quand vous n'en faites plus une affaire personnelle, vous êtes libéré** : vous êtes aimé des personnes qui vous apprécient à votre valeur et vous l'êtes moins (ou plus du tout) de ceux dont l'opinion vous maintenait en dépendance – et vous n'en faites pas une affaire personnelle. Quand vous savez bien qui vous êtes, quand vous avez une bonne stabilité avec vous-même, vous ne vivez pas dans la peur d'être rejeté ou abandonné. **Vous ne cherchez alors plus à être accepté coûte que coûte ni à vous nourrir en permanence de compliments ou de validations venant de l'extérieur.** Bref, vous êtes libre et vous ne souffrez plus !

TÉMOIGNAGE

« J'AI ENFIN TROUVÉ MA PLACE. »

Luc, 27 ans : « "Il est gentil." Voilà ce qu'on disait de moi. Pas très flatteur... En gros, on me trouvait c... . J'avais un tel besoin d'être accepté et aimé que je me pliais à toutes les demandes des autres. Même à leurs caprices. Au bureau ou avec des amis. Les filles me prenaient comme copain, presque jamais comme amant. Je quémandais : sourire, regard, compliment, etc. Un ami, un jour, m'a pris à part. On a passé des heures à discuter. Il m'a secoué et j'en avais besoin. C'est un bon ami, je lui fais confiance, même quand il me secoue. Il avait raison. Je lui dois énormément. Il m'a appris à me faire respecter. Il m'a fait suivre un séminaire du genre "J'apprends à dire non". J'ai commencé à m'affirmer et à dire ce que je voulais, et tant pis si ça ne plaisait pas à certains. J'ai arrêté d'être dépendant des demandes des autres et de mon besoin maladif d'être accepté. J'ai perdu quelques "amis", mais je m'en suis fait de nouveaux. J'ai enfin trouvé ma place. Je fais maintenant une grande différence entre "demander" et "quémander". »

En retrouvant votre juste place, c'est-à-dire en prenant conscience de ce que vous êtes réellement, vous éliminez le problème. **Vous n'avez plus besoin du regard de l'autre pour exister.**

Vous voyez la complexité des mécanismes à l'œuvre dans une simple phrase que l'on aura prononcée à votre encontre ?...

Chapitre 4

Prenez la responsabilité de lâcher prise

Pour résoudre ce problème et ne plus entrer dans des conflits qui vous empoisonnent, la question n'est pas de savoir si l'autre a tort de dire ou faire cela contre vous et si vous avez raison de réagir, mais, et c'est l'approche que propose ce deuxième accord toltèque, de savoir ***comment* ne plus réagir à ce qui vous est adressé**. Et, plus précisément : comment ne plus réagir par la souffrance. Il va vous falloir agir pour ne plus réagir, et pour cela, apprendre à **lâcher prise**.

DÉCIDEZ DE CHANGER DE POINT DE VUE

Quand vous dites qu'une personne vous agresse, **c'est vous qui interprétez** ce qui vous est dit comme une agression et **c'est vous qui décidez** d'en faire une affaire personnelle.

Or, vous avez compris que l'autre, tout comme vous, confond la carte et le territoire (voir p. 69). Dit autrement, ce qu'il dit et ce qu'il fait ne sont qu'une projection de sa propre réalité. Rien d'autre. Même s'il vous traite d'idiot, **il ne tient qu'à vous de changer de point de vue** et de considérer que ce qu'il dit n'est pas une agression, mais simplement un point de vue différent du vôtre.

➔ *Changez de rôle !*

Peut-être avez-vous des difficultés pour admettre que, si quelqu'un vous traite d'idiot, ce n'est rien d'autre qu'une simple projection de sa propre réalité ?

Renversez alors la proposition ! Si une personne vous déplaît et que vous la trouvez idiote, interrogez-vous :
- Pour quelles raisons est-ce que je la trouve idiote ?
- Par rapport à quoi, par rapport à quels critères ?
- Est-ce que ce critère est absolument vrai et admis par tout le monde ?
- Que devrait faire cette personne pour que je ne la trouve plus idiote ?
- Est-ce que les raisons pour lesquelles je la trouve idiote sont partagées par tous les membres de mon entourage ?

En répondant à ces questions, vous comprenez que, si vous trouvez cette personne idiote, c'est bien par rapport à vos critères à vous, que vous considérez comme justes et vrais, n'est-ce pas ?

En réalité, vous n'avez donc fait qu'une projection de votre propre réalité, et rien d'autre : **vous trouvez une personne idiote parce qu'elle ne fonctionne pas comme vous-même fonctionnez**, elle ne dit pas ou ne fait pas ce que vous estimez qu'elle *devrait* dire ou *devrait* faire.

Maintenant, considérez que celui qui vous a traité d'idiot a suivi exactement **le même raisonnement**. Et ne dites pas que c'est idiot de sa part, puisque c'est ce que vous venez de faire !

• • •

En faisant ces renversements de propositions, **vous prenez du recul et diminuez votre charge émotionnelle**. Vous lâchez prise, tout simplement, parce que vous comprenez en partie ce qui a poussé l'autre à exprimer ce point de vue. Vous prenez alors ce qu'il vous a dit beaucoup moins personnellement.

ET VOTRE POINT DE VUE SUR VOUS ?

Si vous êtes blessé ou en colère, c'est parce que vous persistez à croire que tout ce qui arrive autour de vous est une conséquence de votre attitude. L'autre a seulement projeté sa propre interprétation d'une réalité, forcément différente de la vôtre. Si cela vous touche, c'est probablement que vous avez une piètre estime de vous : vous considérez qu'il pourrait avoir raison, même si cela vous cause du tort.

Mais si vous vous estimez tel que vous êtes, si vous avez une opinion saine et équilibrée de vos propres qualités et défauts, **ce qu'il dit ne peut vous atteindre, parce que vous avez confiance en vous, que vous vous acceptez entièrement et que vous n'avez pas de problème avec qui vous êtes**.

Un exemple simple : imaginons que vous êtes grand. Une connaissance vous agresse et vous dit : « Tu es vraiment nain ! » Par quel miracle pourriez-vous vous sentir blessé, encore moins concerné par ses mots ? Vous savez bien que vous êtes grand et qu'ils n'ont aucun rapport avec ce que vous êtes. L'absurdité de sa phrase vous fera, au mieux, rire aux éclats ; au pire, ne pas réagir du tout.

C'est exactement la même chose pour tout ce dont vous faites habituellement une affaire personnelle. **Si vous savez qui vous êtes et que vous reconnaissez la valeur qui est la vôtre, vous ne vous sentirez même pas concerné par ce que vous assène l'autre.** « C'est absurde ; je sais pertinemment que je ne suis pas un idiot. » Et vous passerez immédiatement à autre chose sans que cela ne vous atteigne.

PRENEZ CONFIANCE EN VOUS

Ainsi, si vous connaissez votre valeur, vos qualités et vos défauts, vos points forts et vos points faibles, et que vous les acceptez, **votre confiance en vous s'accroît**. Parallèlement, vous prenez de moins en moins les choses personnellement, car vous savez qui vous êtes.

Prenez donc l'habitude de faire grandir votre confiance en vous et de la cultiver **pour ne plus dépendre du jugement des autres, en négatif comme en positif**.

➔ *Prenez conscience de vos réussites*

① Que vous inspire cette citation de Goethe : « **Aie confiance en toi-même, et tu sauras vivre** » ? Notez tout de suite l'idée qui vous vient à l'esprit :

....

....

....

....

....

② Remplissez à présent le tableau suivant :

DEPUIS VOTRE ENFANCE JUSQU'À AUJOURD'HUI, QUELLES SONT LES RÉUSSITES DONT VOUS ÊTES FIER ?	QUELLES COMPÉTENCES OU QUELS TALENTS AVEZ-VOUS MIS EN ŒUVRE ? OU QUELLES QUALITÉS AVEZ-VOUS DÉPLOYÉES ?

(Et si vous en avez plus de cinq, n'hésitez surtout pas à les noter dans un carnet !)

Ne minorez pas vos réussites en vous disant : « C'était facile », « J'ai eu de la chance », « Oui mais la fois suivante, j'ai échoué », etc. **Restez centré sur ce qui vous a rendu fier**, que ce soit tout petit ou très important. Vous gagnerez en confiance et deviendrez ainsi beaucoup moins sensible à ce que d'autres peuvent penser négativement de vous, car **vous savez de quoi vous êtes capable**.

Souvenez-vous : l'opinion des autres sur vous n'est pas ce qui est, mais ce qu'ils interprètent. Vous seul savez qui vous êtes.

• • •

En prenant confiance en vous, vous considérez alors que ce que disent les autres à votre sujet n'est que leur manière de voir les choses, qu'ils ont tout à fait le droit de les voir ainsi, mais – et c'est capital – que **vous avez tout à fait le droit de ne pas partager cette vision**. Si on va plus loin : pourquoi seriez-vous blessé quand une personne, comme des milliards d'autres personnes sur Terre, voit les choses différemment de vous ?

UNE TEMPÉRATURE ; TROIS RESSENTIS

Par analogie, quand vous dites : « J'ai un peu froid », vous ne vous sentez pas insulté si votre voisin déclare : « Je suis complètement gelé », et qu'un troisième affirme : « Moi, je trouve qu'il fait bon ». **Vous avez juste perçu différemment une même situation puisque vous êtes des personnes différentes.** Pensez alors que c'est la même chose quand quelqu'un vous dit que vous êtes idiot, ou intelligent, ou mesquin, ou généreux, ou quoi que ce soit d'autre : il ne décrit qu'une partie de vous, et non pas vous en entier, et la partie qu'il décrit dépend de sa propre vision du monde. Alors lâchez prise !

À CHACUN SES RESPONSABILITÉS !

Vous connaissez la citation d'Albert Einstein : « Une personne qui n'a jamais commis d'erreurs n'a jamais tenté d'innover ». Tous, autant que nous sommes, à quelque niveau que ce soit, **il nous arrive nécessairement de faire des erreurs** parce que nous essayons, parce que nous apprenons, parce que nous ne savons pas tout, etc.

Il y a des choses dont nous sommes certes responsables, il est important d'en avoir conscience, mais **nous ne sommes pas responsables de tout** ; il convient aussi de **rendre à chacun les responsabilités qui lui incombent** et de ne pas se charger de poids inutiles. Méfiez-vous de ceux qui vous disent que nous sommes toujours responsables de tout ce qui nous arrive. C'est aussi faux que culpabilisant.

Reconnaissez les responsabilités qui sont les vôtres

Ne pas prendre les choses personnellement **ne signifie pas se dégager de toute responsabilité** ! Il convient d'assumer les conséquences de ses actes, **mais de manière *impeccable*** (rappelez-vous le premier accord), c'est-à-dire en vous respectant, en respectant l'autre et en ne vous concentrant que sur les faits, sans laisser prise à vos croyances négatives ni à celles de l'autre.

➲ *Assumez vos responsabilités*

Si quelqu'un vous reproche une erreur, un manquement, etc., voici un exercice pour apprendre à assumer vos actes sans en faire une affaire personnelle :

① **Demandez quelle est l'erreur :** fait, preuve, explication. Restez centré sur les faits.

② **S'il y a réellement une erreur et que vous avez réellement une véritable excuse, exposez-la.** Une véritable excuse, c'est un élément extérieur qui ne dépend absolument pas de vous et qui a réellement été un empêchement. Là aussi, citez les faits et les preuves (par exemple, une coupure d'électricité qui vous a empêché d'utiliser votre ordinateur). Si la causalité n'est pas directe et absolue, ce n'est plus une excuse : c'est un prétexte.

③ **Reconnaissez votre erreur :** ça arrive à tout le monde. Prenez-en la responsabilité.

④ **Énoncez** – ou cherchez ensemble – **ce qui peut être mis en place pour la corriger**, puis **corrigez-la**.

Voici en revanche **ce qu'il faut éviter de faire** :

✘ Nier l'erreur : si elle est évidente, reconnaissez-la simplement.

✘ Rejeter l'erreur sur les autres : si c'est votre faute, assumez-la.

✘ Changer de contexte : il s'agit de telle erreur dans telle situation ; ne dérivez donc pas sur un autre sujet (« oui, mais c'est la situation économique du pays qui... » ; « mais la fois d'avant, je n'avais pas fait d'erreur », etc.).

- ✗ Croire que la personne vous en veut, cherche à vous nuire, à vous humilier, etc. Ne prenez pas la chose à titre personnel : c'est votre erreur dont il est question, et rien d'autre.

LE CONSEIL EN +

Renversez la situation : imaginez que c'est vous qui reprochez une erreur et que c'est l'autre qui l'a commise. Que faites-vous ? Vous lui reprochez d'être un incapable en tout ou bien vous lui signalez qu'il a commis telle erreur et cherchez ensemble comment la réparer ? Quelle est votre intention ?

• • •

Laissez à l'autre la responsabilité de sa parole

En faisant une affaire personnelle de ce que dit ou fait l'autre, vous accordez du crédit et de l'importance à ses propos (ou ses actes) et lui reconnaissez le pouvoir de déformer votre réalité pour en créer une nouvelle.

Votre pouvoir à vous est de laisser glisser un point de vue qui n'est pas le vôtre au lieu de vous y cramponner. Laissez à l'autre la responsabilité de ses paroles ou de ses actes : il a choisi de vous dire que vous êtes idiot parce que ses croyances le poussent à le penser, pour des raisons qui lui sont propres. Même s'il s'adresse à vous, cela ne concerne finalement que lui et rien que lui. Don Miguel Ruiz explique ainsi : « **Vous n'êtes aucunement responsable de ce que les autres font ou pensent.** Cela dépend seulement des accords qu'ils ont conclus dans leur esprit », c'est-à-dire des croyances qu'ils ont décidé d'intégrer, consciemment ou non. Cela ne vous regarde absolument pas. Ruiz précise enfin que **vous êtes responsable seulement de vous-même ; les actions des autres dépendent d'eux-mêmes**, pas de vous.

UN MOT N'A DE SENS QUE CELUI QU'ON LUI DONNE

Un homme très en colère vint voir le Maître : « Maître, dit-il, je ne peux plus méditer, ni prier, ni rester auprès de vous ! »
Le Maître ne bougea pas. « Maître, reprit l'homme, j'ai été insulté dans la rue par un commerçant, devant les passants. Mon honneur est atteint, je dois me venger. »
Le Maître cria soudain un mot incompréhensible. L'homme sursauta et, très surpris, l'interrogea : « Maître, je... je n'ai rien compris.
— Cela te met-il en colère ? questionna le Maître.
— Non, pas du tout, répondit l'homme ; je suis simplement étonné. Je ne comprends pas ce que vous avez dit. »
Le Maître le regarda : « Comment comprendre ? J'ai inventé. Un mot n'a que le sens que tu lui donnes. C'est ton choix d'interpréter ceux de ce commerçant et le mien : injure, compliment ou absurdité. Ton honneur n'est atteint que si tu le veux. Libère-toi de tes interprétations et cesse de prendre des mots contre toi. Alors, tu ne succomberas plus à la colère et tu seras heureux. »

« Ce que vous pensez, ce que vous ressentez, dit Ruiz, **c'est votre problème, pas le mien**. C'est votre façon de voir le monde ». Si quelqu'un vous reproche quelque chose que vous estimez au contraire très bien, fondé sur de solides arguments, eh bien... ce qu'il n'aime pas est effectivement son problème. C'est son choix d'un côté, c'est le vôtre de l'autre, tout simplement. En considérant ainsi ce qui se passe, vous ne faites pas du tout une affaire personnelle de son opinion. **Vous**

lui laissez la responsabilité de sa parole et vous ne l'endossez pas, car elle ne vous appartient pas et vous chargerait inutilement.

Décidez, plutôt que de subir

Certes, vous ne pouvez pas empêcher les autres de dire ou faire des choses contre vous, mais vous pouvez décider :

- **de ne pas les prendre pour vous**, de ne pas y attacher une importance qu'elles n'ont pas et donc de ne pas en faire une affaire personnelle ;
- **de ne plus leur accorder ce pouvoir** de vous juger, de vous critiquer, de vous rabaisser et, globalement, de vous nuire ;
- **de considérer cela comme une représentation subjective et limitée d'une certaine réalité qui ne concerne que l'autre :** vous pouvez alors tout mettre à distance sans plus vous y accrocher. Vous lâchez prise.

En fait, vous pouvez tout simplement décider de ne pas vous en mêler !

TÉMOIGNAGE

« C'EST PAS MON PROBLÈME SI… »

Gisèle, 52 ans : « J'ai un caractère plutôt affirmé. Comme mes bourrelets ! Je suis une bonne vivante, mais quand on me fait une remarque sur mon poids, ça fuse ! J'adore répondre : "C'est pas mon problème si tu préfères les sacs d'os !" J'ai appris à ma petite collègue, toute menue, à prendre de l'assurance. Maintenant, quand on se moque d'elle, elle renvoie une phrase que je lui ai apprise : "C'est pas mon problème si tu préfères les obèses !" On fait une sacrée paire, toutes les deux ! On nous adore dans l'équipe parce qu'on est marrantes et qu'on se fout complètement de ce que les autres pensent de nous. D'ailleurs, quand on va en boîte, eh bien… on a du succès ! On est tellement nous-mêmes que ça plaît. »

Ne pas prendre les choses personnellement, c'est cesser d'attacher de l'importance à l'opinion d'autrui quand elle est contraire à la vôtre. **Votre vrai pouvoir, c'est finalement de décider si une attitude vous affecte ou pas.** En prenant conscience de cela, **rien ne peut vous affecter sans votre accord** !

ET LES COMPLIMENTS, J'EN FAIS UNE AFFAIRE PERSONNELLE ?

Ne pas prendre les choses personnellement, c'est aussi **ne pas quémander les compliments**. Il n'y a pas que les opinions négatives, dont on doit se détacher ; celles qui sont positives obéissent au même processus pour satisfaire notre besoin d'être accepté et d'être aimé. Don Miguel Ruiz recommande à leur égard le même détachement. Si quelqu'un vous dit : « Tu es génial ! » ou « Tu es adorable ! », cela vous fera sans doute plaisir. Le risque, c'est de manœuvrer pour éviter toute critique et/ou oublier qui vous êtes pour qu'on vous le redise et retrouver ce plaisir. Vous pourriez alors perdre votre qualité d'être et **jouer un rôle pour vous conformer au point de vue agréable qu'un autre a sur vous**.
De plus, votre ego pourrait se gonfler d'orgueil et vous rendre triste ou en colère le jour où on ne vous le dirait plus. Vous seriez ainsi devenu dépendant de l'image que vous voulez donner et de ce que les autres pensent de vous. En un mot, c'est en faire une affaire personnelle et **prendre le risque d'en souffrir à nouveau**.
Il ne s'agit pas de refuser en bloc tout propos positif, bien sûr ! Mais ne pas en faire une affaire personnelle, c'est **leur accorder une juste place qui ne vous rende pas dépendant d'eux pour vous estimer vous-même**. Même lorsqu'on vous complimente, rappelez-vous que vous seul savez réellement qui vous êtes et que vous êtes le mieux placé pour formuler des compliments à votre égard. Recevez les mots positifs d'autrui avec joie, mais sachez aussi vous en donner à vous-même, pour garder à l'esprit la valeur qui est la vôtre.

FINALEMENT, COMMENT Y RÉPONDRE ?

Ne pas prendre les choses personnellement **ne signifie pas ne pas les prendre du tout** ! Si quelqu'un vous adresse des propos désagréables, allez-vous le planter là sans rien dire et tourner le dos ? Il est possible qu'il insiste et que, d'agacement, vous finissiez par en faire tout de même une affaire personnelle !

➔ *Répondez... impeccablement !*

On y revient ! Nous vous l'avons dit en introduction à ce chapitre : tous les accords toltèques sont étroitement liés. Si vous êtes face à une personne avec qui vous n'êtes pas d'accord, adoptez simplement une **parole impeccable** :

- **Évitez de seulement répondre :** « C'est ton point de vue », « C'est ta vision des choses » ou même « C'est ton problème ». Si vous ne répondez que cela, vous arrêtez le dialogue et supprimez tout échange (sauf, bien sûr, si vous avez de bonnes raisons de stopper l'échange).
- **Préférez la poursuite du dialogue** en ajoutant ensuite : « Maintenant, je vais t'expliquer mon point de vue/ma vision des choses /ma manière d'envisager le problème », etc. Vous montrez que chacun voit la situation différemment et vous confrontez, dans le respect de chacun, vos visions.

Abstenez-vous de ces deux extrêmes :

✘ accepter tout ce que dit votre interlocuteur (même pour lui faire plaisir !) ;

✘ le renvoyer à sa vision des choses sans rien offrir de plus.

• • •

Il s'agit de donner une écoute et d'essayer de comprendre ce qui vous est dit. Un dialogue, c'est un échange respectueux d'opinions (même s'il a commencé par un propos agressif !). **Des visions du monde différentes ne sont pas obligatoirement opposées : elles peuvent être complémentaires !** Ce qu'une personne vous dit (et le regard qu'elle porte sur vous) n'est pas nécessairement méchant, même si cela ne vous plaît pas.

LE CONSEIL EN +

Bien souvent, même si ce n'est pas forcément juste, ce n'est pas forcément faux non plus, comme un reflet de ce que la personne perçoit de vous. Il se peut parfois qu'elle soit simplement le miroir d'une image que vous envoyez, consciemment ou pas. Vous pouvez alors apprendre des choses très intéressantes sur vous !

DÉSAMORCEZ LA DISPUTE !

Beaucoup de petits conflits viennent de ce que, interprétant de travers, nous prenons à cœur ce qui a été dit. Cela s'amplifie si l'on nous reproche en plus d'être... trop susceptibles ! Selon votre humeur à un moment donné et selon l'humeur de l'autre au même moment, une parole « banale » peut dégénérer et faire mal. C'est le problème des reproches et faux reproches.

Pour éviter cela, **discutez**, parlez, questionnez, **dites ce que vous ressentez**, ce que vous comprenez, **demandez à l'autre ce qu'il ressent**. En un mot : arrêtez de prendre ses paroles contre vous et **exprimez-vous** ! Deux situations sont possibles :

› Ce que vous reproche l'autre vous paraît exact, mais vous ne supportez pas le ton qu'il emploie.

→

✘ Ne dites pas : « Sur un autre ton quand tu me parles ! », ni même : « Exprime-toi avec une parole impeccable ! » ; cela ne fonctionnera pas…

✔ Dites plutôt : « Je comprends/j'admets/je reconnais ce que tu me reproches, mais avec cette intonation, je me sens agressé. Te serait-il possible de t'exprimer de manière plus apaisée ? »

Ça vous paraît utopique ? Essayez quand même ! Si vous prenez régulièrement le temps de discuter de la manière dont vous parlez entre vous, avec respect, infiniment de choses peuvent être dites sans qu'il n'y ait de conflit.

› Ce que vous reproche l'autre vous paraît faux ou peu clair et vous croyez y déceler un ton négatif (sarcasme, moquerie, critique…).

✘ Ne dites pas : « C'est faux, tu dis n'importe quoi ! » Vous démarrerez à coup sûr une dispute.

✔ Demandez plutôt : « Pour que je te comprenne bien, peux-tu me dire précisément ce qui ne te convient pas/ce que je devrais faire, etc. ? » Soyez clair sur votre objectif et le sien : bagarre ou relation paisible ?

En procédant ainsi, vous évitez d'interpréter de travers et de prendre certaines paroles contre vous, mais vous évitez aussi que l'autre ne prenne vos propos de travers. Vous échangez vos points de vue **dans un climat plus calme et plus apaisé, propice à la discussion impeccable**. Vous pouvez aussi convenir d'un geste quand vous vous sentez agressé : le pouce en l'air, les deux mains levées doigts écartés ou ce que vous voulez. Vous aurez au préalable convenu ensemble que ce geste signifie : **« Stop ! Je suis en train de prendre les choses personnellement ! Revenons d'urgence à une communication sereine ! »** Certains éclatent même de rire quand le geste est fait : un excellent moyen de désamorcer une dispute !

Si vous écoutez ce que l'on vous dit sans le prendre personnellement, l'échange devient alors constructif et enrichissant, car **vous dialoguez au lieu de réagir et de laisser vos émotions vous gouverner**. Vous n'offrez pas à l'autre le pouvoir de redéfinir qui vous êtes ou de vous nuire. Au lieu d'osciller en permanence dans un rapport domination/soumission, **vous rétablissez un équilibre entre deux personnes adultes**. Et il est bien possible que, vous voyant réagir de la sorte, l'autre en face remette également en question sa manière de faire et ses propres croyances.

Encore un accord gagnant-gagnant !

3

NE SUPPOSEZ PAS CE QUI N'EST PAS VRAI

Sachez-le : nous sommes de très bons conteurs. Et vous aussi ! Nous nous racontons en permanence des histoires. À propos de tout et de rien ! À propos de ce que les autres disent ou ne disent pas, de ce qu'ils font ou ne font pas, de ce qu'ils auraient dû faire, dire ou comprendre, de ce qu'ils pourraient faire ou ne pas faire. À propos, aussi, de ce que nous voyons, lisons, entendons, des événements, de l'actualité, du passé, du futur...

Ainsi, plutôt que de nous renseigner, de vérifier nos sources, de veiller à bien comprendre les actes et paroles d'autrui, nous supposons que nous savons déjà, que nous les comprenons sans explications. Nous prenons pour vraies ces suppositions et fondons nos propres actes et paroles sur la véracité non vérifiée de ces postulats.

Vous voyez se dessiner le problème ? Nous donnons notre accord à des choses tout à fait improbables et nous réagissons en conséquence... bien souvent de manière négative.

Chapitre 1

Un besoin essentiel de se raconter des histoires

Des histoires, oui, parce qu'au lieu de décrire une réalité objective et vérifiée, nous interprétons et réinterprétons constamment tout ce qui se passe autour de nous en fonction de notre vision du monde, de nos croyances et de nos émotions de l'instant. Nous *supposons* que les choses et les autres sont réellement tels que nous les imaginons.

QU'EST-CE QU'UNE SUPPOSITION ?

Supposer, c'est **admettre quelque chose par hypothèse** : nous énonçons une proposition que nous considérons comme vraie. Sans avoir vérifié sa valeur de vérité, elle nous sert ensuite de base à un raisonnement, à une argumentation, à une démonstration et nous en déduisons un ensemble d'autres propositions... et de suppositions.

Nous l'avons vu dans le chapitre 2 (voir p. 69) : personne ne détient la vérité, parce que la vérité ne nous est tout simplement pas accessible, biaisée qu'elle est par nos sens, notre perception, notre éducation, nos croyances. Il y a autant de vérités que d'êtres humains sur Terre. Pourtant, nous sommes persuadés de connaître la vérité sur les autres, et forts de cette première supposition (car c'en est une !), **nous**

agissons et réagissons à leur égard en fonction d'une multitude de suppositions, bien qu'elles ne soient pas nécessairement vraies (elles sont d'ailleurs bien souvent fausses).

Une supposition, c'est donc un **produit de notre imagination que nous utilisons à titre d'explication plausible.** À partir de nos expériences de vie, nous bâtissons un ensemble de croyances sur lesquelles nous nous appuyons pour interpréter quelque chose.

Résultat, **nous finissons par croire fermement à ce que nous avons construit dans notre tête.** En fait, nous passons plus de 90 % de notre temps à supposer ! Or, en prenant pour vérité ce qui n'est qu'une supposition parmi des centaines de milliers d'autres, nous allons bien entendu au-devant de difficultés et de problèmes.

NOUS SUPPOSONS TOUT LE TEMPS !

Vous pensez que cela ne vous concerne pas, que vous ne supposez jamais ? Voici quelques exemples simples de notre quotidien à tous :

- **Le fait :** Ce matin, un automobiliste roulait tout doucement devant vous.
  - ✘ **L'interprétation :** Furieux, vous vous êtes dit qu'il ne savait pas conduire ou qu'il faisait exprès pour vous embêter.
  - ✔ **La réalité :** Il était perdu et cherchait sa route.

- **Le fait :** Votre collègue ne répond pas à votre bonjour.
  - ✘ **L'interprétation :** Étonné, vous vous dites qu'il vous fait la tête.
  - ✔ **La réalité :** Il a une migraine épouvantable.

- **Le fait :** Votre patron vous demande de le rejoindre dans son bureau.
  - ✘ **L'interprétation :** Inquiet, vous pensez qu'il va vous passer un savon.
  - ✔ **La réalité :** Il est en réunion et a besoin de votre avis d'expert.

Vous retrouvez là des situations que vous avez déjà vécues ? Vous pourriez continuer ainsi à l'infini pour constater le soir, au moment de vous endormir, que votre journée a été remplie de suppositions diverses. Comme toutes vos autres journées. Comme tout le monde, constamment. Reconnaissez que, pour un instant ou pour toujours, vous les avez prises pour des vérités, n'est-ce pas ?

TÉMOIGNAGE

« J'ÉTAIS PERSUADÉE QU'IL EN AVAIT RENCONTRÉ UNE AUTRE. »

Justine, 24 ans : « Mon amoureux et moi, on devait aller chez des amis, mais il n'est pas arrivé. Son téléphone sonnait dans le vide, pas de réponse à tous mes textos. J'étais furieuse, ça m'a gâché la soirée et j'étais persuadée qu'il en avait rencontré une autre. J'ai craché tout le mal que je pensais de lui. Toute la nuit, j'ai pleuré de rage en le traitant de tous les noms. Le lendemain, un hôpital m'a appelée pour me dire qu'il avait eu un accident de moto sans gravité, mais qui nécessitait qu'il reste en observation pendant un ou deux jours. Son absence et son silence s'expliquaient… J'ai foncé à l'hôpital pour être auprès de lui ! »

Nous passons notre temps à essayer de trouver une explication à tout événement, à toute situation, et à prêter aux autres des intentions diverses sur ce qu'ils font ou ne font pas, sur leurs paroles ou leurs silences, sur leurs attitudes, sur leurs manières d'être ou de faire. Le problème, c'est que, souvent, nous en faisons une telle affaire personnelle (rappelez-vous le deuxième accord — voir p. 69) que nous nous sentons agressés, blessés, brimés, offensés, oubliés, non aimés, rejetés, etc. Notre imagination part au galop et **nous nous injectons à nous-mêmes un flot de poison émotionnel… sans savoir au fond si c'est justifié ou non.**

➔ *Traquez vos suppositions !*

Vous supposez tout le temps, comme tout le monde, sans en avoir forcément conscience ; cet exercice va donc vous aider à ouvrir les yeux sur les suppositions que vous faites spontanément au quotidien.

Dans le tableau ci-dessous, en face de chaque affirmation, notez :

- en **1. votre première réaction, la plus spontanée**, celle qui vous vient habituellement,
- en **2. celle que vous pourriez avoir après un instant de réflexion** et qui vous laisse une impression neutre, plus apaisante.

Exemple : Une amie ne vous a pas dit bonjour.
① Elle me fait la tête.
② Elle n'a pas dû me voir.

Une personne vous bouscule légèrement dans la rue mais ne s'excuse pas.	1.
	2.
Un ami se remarie avec une femme de vingt ans de moins que lui.	1.
	2.
Un adolescent vous dépasse dans la file d'attente à la caisse d'un magasin.	1.
	2.
Une personne âgée vous dépasse dans la file d'attente à la caisse d'un magasin.	1.
	2.

Votre meilleur(e) ami(e) a oublié de vous souhaiter votre anniversaire.	1.
	2.
Votre amoureux(se) ne vous a pas embrassé(e) ce matin.	1.
	2.
Vous avez rendez-vous pour un entretien d'embauche.	1.
	2.
La maîtresse de votre enfant vous convoque après l'école.	1.
	2.
Vous êtes invité à dîner chez des amis et vous constatez en arrivant que vous venez les mains vides.	1.
	2.
À la pause-café, des collègues font des messes basses en vous regardant.	1.
	2.
Un gendarme vous demande de garer votre voiture sur le bas-côté.	1.
	2.

• • •

Vous prenez ainsi conscience de toutes les suppositions que vous vous faites, qui vous empoisonnent au quotidien et vous poussent, souvent à tort, au conflit.

Mais pourquoi cette tendance presque impérieuse que nous connaissons tous ?

POURQUOI SUPPOSONS-NOUS ?

La majorité de nos suppositions étant fausses, improductives et aux conséquences négatives, pourquoi donc en faisons-nous tout le temps, si cela ne nous fait pas du bien ?

La peur du vide

Un peu comme la nature dont on dit qu'elle a horreur du vide, l'être humain n'aime pas se retrouver sans rien quand il se pose des questions. Nous avons beau savoir qu'il y a des choses que nous savons et d'autres que nous ne pouvons pas savoir, nous refusons souvent la deuxième option : **nous ne supportons pas de ne pas savoir et de ne pas comprendre ce qu'il se passe autour de nous.** Nous avons un besoin essentiel de rationalité afin de justifier, d'expliquer et de comprendre ce que nous ne comprenons pas. Cela nous **réconforte** et nous **sécurise** en supprimant notre peur du vide.

Une « réalité » qui blesse, mais qui rassure

Face à tout ce que nous ne comprenons pas (et ça fait beaucoup de choses !), nous nous posons régulièrement des questions. Cela peut témoigner d'une curiosité tout à fait saine pour tenter d'appréhender le monde ; **le problème, c'est lorsque nous nous mettons à inventer des réponses.** Nous décidons de supposer quelque chose, puis nous nous persuadons que cette supposition est l'exacte vérité. Nous fusionnons simplement *ce qui est* et *ce que nous supposons* parce que, même si cela nous désespère, nous blesse ou nous rend furieux, nous avons une « réponse » et notre cerveau s'en satisfait.

➔ *Décrédibiliser les suppositions qui font mal*

Comme nos suppositions créent souvent chez nous de la colère, de la peur ou de la tristesse, le troisième accord toltèque nous invite à ne pas en faire.

Mais il existe une autre « technique » qui consiste à prendre le contre-pied et, au contraire, à **multiplier exagérément ces suppositions pour leur ôter le crédit qu'on leur accorde et qui nous fait mal.** C'est très utile quand vous ne pouvez pas interroger la personne pour comprendre son comportement (voir p. 149). Au lieu de vous focaliser sur une seule supposition, de vous y enfermer et d'en faire ensuite une mauvaise vérité, **admettez qu'il y a au moins cent suppositions possibles.**

Soyez créatif, citez-en autant que votre imagination vous le permet et ne vous arrêtez sur aucune.

Un exemple : vous avez rendez-vous avec un ami pour voir un film à la séance de 20 heures. À 19 h 58, il n'est toujours pas là. Votre première supposition peut être : « Toujours en retard ; on va rater le début ! » ou « Il pourrait prévenir ! Il n'en a vraiment rien à faire de moi... ».

Si vous bloquez sur cette première supposition, vous attendrez avec des émotions négatives, ne profiterez pas du film et vous gâcherez la soirée, à ruminer ainsi dans l'attente d'une explication.

Or, il existe des centaines d'autres suppositions possibles :

- Il a oublié de noter le rendez-vous.
- Il s'est trompé de jour ou d'heure.
- Il s'est trompé de salle de cinéma.
- Il est malade et n'a pas pu venir.
- Il est coincé dans les encombrements.

- Il a eu un accident (comme dans le témoignage p. 117).
- Il préfère passer la soirée avec sa copine et n'a pas osé vous le dire.
- Il vous attend déjà à l'intérieur de la salle de cinéma.

Nous pourrions encore en ajouter ! Toutes sont possibles, et donc toutes peuvent être vraies ou fausses. Finalement, vous allez considérer que, **comme tout est envisageable, vous ne pouvez tout simplement pas savoir pour l'instant**. Allez-vous vous gâcher la soirée pour autant ?

Dans ce genre de situation, le mieux est d'accepter ce qui est et de faire ce qui est à faire :

① **Acceptez le fait :** votre ami n'est pas là. C'est ennuyeux, certes, mais vous n'y pouvez rien ; cela dépend de lui et pas de vous. Vos suppositions vous agitent et ne changent rien à ce fait. Elles ne vous apportent donc rien de productif.

② **Faites ce pour quoi vous êtes là :** voyez ce film et profitez-en ! Votre ami vous rejoindra peut-être. Sinon, vous lui demanderez plus tard ce qui s'est passé. Dans tous les cas, vous passerez tout de même une bonne soirée.

LE CONSEIL EN +

C'est un exercice qui marche bien avec les enfants, s'ils se sentent tristes ou en colère parce qu'ils se font des suppositions à propos de quelqu'un ou d'une situation. Notre tendance première, animée d'un bon sentiment, est de répondre à son enfant que son ressenti n'est pas juste : « Mais non, tu te fais des idées, tout va bien ! » Oui, mais c'est son ressenti. En gros, vous lui parlez au niveau de la tête alors que lui, il vous exprime ce qu'il vit avec son cœur. Cet exercice lui permettra de comprendre que sa crainte n'a pas lieu d'être, tout en reconnaissant son ressenti, sans le nier.

La petite astuce : quand vous cherchez ensemble d'autres suppositions, n'hésitez pas à alterner des raisons sérieuses et plausibles, et d'autres plus loufoques. Encore une fois, l'humour permet de désamorcer efficacement une émotion négative, surtout chez les enfants.

• • •

Un besoin de réponses... même fausses

Nous avons tellement besoin d'une explication quelle qu'elle soit que **nous préférons une réponse fausse à une absence de réponse**. Cela comble un autre besoin : celui d'être rassuré, car **nos suppositions donnent à tout ce qui se passe un semblant de cohérence**. Nous aimons ce qui est ordonné logiquement — ou plutôt ce que nous estimons logique et qui, parfois, ne l'est guère ! — et donc, ce qui ne nous semble pas cohérent nous dérange infiniment.

Nous nous accommodons très bien de cette « explication » qui nous réconforte et qui nous donne le sentiment de maîtriser les choses. Elle nous réconforte tellement que nous finissons par **croire vrai même ce qui est faux**, parce que **nous préférons généralement un mensonge qui nous rassure qu'une vérité qui nous dérange**. Notre « réalité » (la vision que nous en avons, vous l'avez compris) nous satisfait parce qu'elle correspond logiquement à ce que nous croyons. Autrement, elle serait comme un gruyère : pleine de trous. Notre imagination vient aussitôt boucher ces vides pour nous offrir une surface aplanie, sans obstacle.

C'est ce que Don Miguel Ruiz affirme : « **Peu importe que la réponse soit correcte ; le seul fait de trouver une réponse nous rassure. C'est pour cela que nous faisons des suppositions.** »

À noter

Le plus drôle, c'est que nous dénonçons facilement les suppositions des autres. « Mais voyons, tu te racontes des histoires ! », « C'est aberrant de penser ça, tu n'en sais rien ». Un peu comme celui qui ne voit pas la poutre dans son œil, nous nous imaginons plus lucides, clairvoyants et réalistes que les autres alors que, comme eux, nous supposons sur tout et parfois sur n'importe quoi !

UN GRAND POUVOIR D'AUTOCONVICTION

Nous avons vu que nous faisons des suppositions pour combler un vide et donc trouver une explication à ce que nous ne comprenons pas. Mais notre pouvoir de conviction sur nous-mêmes est si puissant (ou plutôt, les croyances qui nous poussent à supposer sont si fortes) que, même avec une explication en règle, nous continuons à extrapoler et à supposer sur notre idée fixe.

Imaginons une autre scène tout à fait « vaudevillesque »...

Max, votre meilleur ami, vous appelle un jeudi, au travail. Vous ne vous êtes pas vus depuis longtemps, car il habite loin : il vous propose de passer le week-end chez lui. Vous n'aviez rien de prévu : vous acceptez avec plaisir. Vous prévenez votre colocataire par SMS que vous ne serez pas là ce week-end et qu'elle aura l'appartement pour elle.

Jeudi soir, votre petit copain passe la soirée chez vous. Votre colocataire rentre. Elle dit bonjour, puis vous demande soudainement : « Alors comme ça, tu vas chez Max pour le week-end ? Tu pars tôt, demain, ou je te verrai en rentrant du travail ? »

Vous n'aviez pas encore eu l'occasion d'en parler à votre copain. Il vous dit : « Alors comme ça, tu vas chez Max pour tout le week-end ? Je ne savais pas... »

Vous expliquez la vérité : « Je n'ai simplement pas eu le temps de t'en parler, ça s'est décidé d'un coup, ce matin.

— Mais tu as trouvé le temps d'en parler à ta colocataire.
— Eh bien, oui, pour la prévenir qu'elle pouvait recevoir du monde et qu'elle ait le temps de s'organiser.
— Et donc, Max, c'est juste un ami...
— Évidemment, tu le sais !
— Mais tu me caches le fait que tu pars tout le week-end chez lui... »
Etc., etc. Vous pourriez expliquer en long, en large et en travers : votre petit ami a décidé de supposer, dès le départ, que vous le trompiez. Et parce qu'il est convaincu de détenir la vérité, tout ce que vous direz ne fera que le conforter dans son idée fixe : « Elle essaie de se justifier, de trouver des prétextes parce qu'elle ment... » Il pourra même penser que, si vous êtes rouge, c'est parce qu'il vous a prise sur le fait, et non parce que vous commencez à être profondément agacée de la tournure que prend la conversation. On sait déjà comment finira la soirée...
Parce qu'au final, ce que l'autre cherche parfois inconsciemment, c'est de réconforter son besoin de cohérence par rapport à *sa* vision du monde, *ses* croyances. Il est possible que le petit copain de notre histoire ait tellement peu confiance en lui qu'il trouverait *logique* que vous alliez voir ailleurs quelqu'un de mieux. Partant de cette croyance, il saisira la première opportunité qui la validera : « Elle comptait partir sans me le dire ; je savais bien qu'elle me trompait ! » Et vous n'y pourrez rien, avec toutes les preuves et la bonne foi du monde.

Notre dialogue interne va vite, très vite ! Si nous avons l'habitude d'interpréter sans cesse les propos ou actes des autres, vous imaginez bien que nous sommes très doués pour réinterpréter à notre convenance leurs explications, comme le petit copain jaloux.

Vous voyez comment un message ou une information quelconque peut être **complètement déformé du seul fait d'un ensemble de suppositions et de croyances** ? Et combien il est facile, ensuite, d'en faire une affaire personnelle et de réagir avec une parole qui n'est pas impeccable ?...

C'est bien la raison d'être de ce troisième accord. Plus nous croyons savoir comment est organisée la réalité, plus nous avons l'impression de maîtriser ce qui nous arrive et plus nous nous sentons en sécurité. Le problème, c'est qu'il s'agit d'une illusion ; notre besoin de maîtrise est tel qu'il nous joue de drôles de tours. Pour demeurer serein et pacifier vos relations, ne faites pas de suppositions !

➔ *Sortez du scénario catastrophe*

Nous avons une étrange aptitude à nous créer nous-mêmes nos inquiétudes, sur la base de nos suppositions. Imaginons que quelque chose de négatif se soit produit : une dispute assez vive avec votre conjoint ou une remarque qui vous a blessé. Naît alors un sentiment d'inquiétude parce que vous redoutez que n'arrive une situation plus désagréable encore. Vous vous mettez à extrapoler les risques et les conséquences de la situation présente, même si elle est loin d'être catastrophique. Avec nos émotions, nous créons une sorte de « scénario du pire », que l'on ressasse en boucle. C'est bien entendu totalement improductif, puisque nous ne nous appuyons, encore et toujours, que sur des suppositions (par exemple, sur la supposition que la situation va empirer), sans preuve ni recul. Nous sommes embourbés dans nos émotions et nous souffrons.

Voici une technique pour mettre cette situation en perspective afin de l'analyser objectivement, stopper le flot de suppositions et rechercher une solution :

① **La situation :** Décrivez par écrit la situation de départ. Soyez factuel, précis et concis. Imaginez que vous écrivez à un ami qui ne connaît rien du problème. Des faits, rien que des faits !

② **Votre ressenti :**

- Décrivez ce que vous ressentez maintenant : inquiétude, anxiété, angoisse, colère, agressivité, découragement, tristesse, envie de fuite…
- Une fois que vous avez nommé votre ressenti, à combien le notez-vous sur une échelle de 1 (émotion vague ou indifférence) à 10 (scénario catastrophe) ?

③ **Le ressenti de l'autre :** Maintenant, mettez-vous à la place de votre conjoint lors de la situation d'origine : prenez son rôle. Que ressentez-vous ? Que vous dites-vous ? Cela vous paraît-il légitime ? Se mettre à la place de l'autre n'est pas toujours facile, mais cela aide à comprendre son attitude.

④ **Vos conseils :** Décentrez-vous une nouvelle fois et imaginez à présent qu'un ami vous raconte ce que vous avez décrit comme si c'était lui qui l'avait vécu : la situation, votre ressenti et le ressenti de l'autre. Quels conseils lui donneriez-vous ? Que devrait-il faire ou ne pas faire ? Soyez créatif : donnez-lui un minimum de 3 scénarios possibles.

⑤ **Vos capacités :**

- Parmi ces scénarios, lequel a votre préférence ? Pourquoi ? Que pouvez-vous faire là, maintenant, concrètement ? Qu'est-ce qui dépend de vous ? Qu'est-ce qui n'est pas sous votre contrôle ?
- Qu'allez-vous faire ? Ou qu'allez-vous ne pas faire ? Dans chaque cas, pourquoi ? De quoi ou de qui avez-vous besoin ?

⑥ **Retour au présent :**

- Que ressentez-vous maintenant ?
- Votre inquiétude a-t-elle changé ? diminué ?
- Sur une échelle de 1 à 10, où se situe votre ressenti, désormais ?
- Par rapport aux suppositions que vous aviez, quelle valeur leur attribueriez-vous maintenant en prenant une autre échelle de 1 (supposition irréelle) à 10 (certitude absolue) ?

• • •

Avec cet exercice, vous constatez que beaucoup de vos inquiétudes viennent de tout ce que vous supposez à partir d'une situation. Selon les personnes, le film catastrophe peut aller très vite et très loin ! Cet exercice vous permet de **calmer vos émotions et votre imagination**, de **revenir à la réalité** et de **trouver des solutions concrètes**.

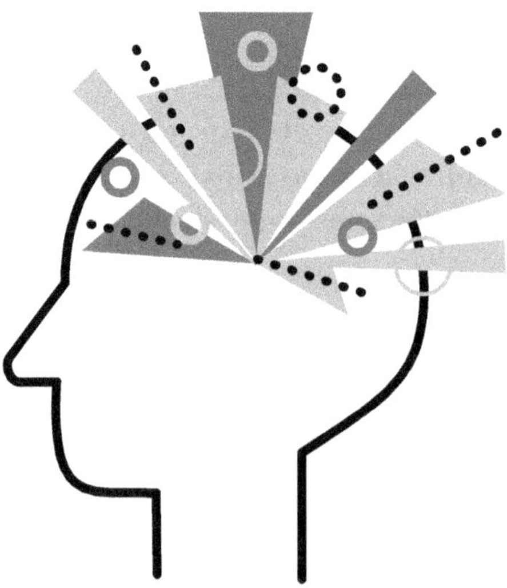

RUMEURS, MÉDISANCES ET FAITS DIVERS

Nous constatons le même phénomène (auquel, parfois, nous nous prêtons aussi, il faut bien l'avouer) lorsque les médias relatent un fait divers. Quelques exemples :

- Un camion est tombé dans un ravin ? « C'est sûr, les chauffeurs routiers ne respectent pas les limitations de vitesse ! » Alors qu'un arbre a pu s'effondrer sur la route au passage du camion. À 90 km/h, je vous mets au défi de l'éviter sans dommages...
- Un enfant est tombé dans un escalier ? « Les parents sont irresponsables, ils auraient dû mettre une barrière ! » Vos enfants n'ont jamais rien escaladé, même avec la meilleure vigilance du monde ? Vous en avez, de la chance...
- Une entreprise doit fermer une succursale ? « Honte à ces patrons qui s'enrichissent sur le dos des autres ! » Il y en a aussi qui essayent simplement de sauver l'entreprise, et la moitié des employés, plutôt que de sacrifier tout le monde. Gageons que ce n'est pas aussi facile qu'on le croit...

Tous les jours et sur tous les sujets, nous pouvons lire ce genre de commentaires. Tous les jours, nous pouvons constater que certains croient dur comme fer à ce qu'ils supposent et en font d'incroyables extrapolations qui peuvent nuire. La seule chose certaine, c'est qu'il n'y a pas là de parole impeccable !

Imaginons la scène suivante : vous rentrez tard chez vous. Il pleut à verse, vous êtes fatigué et la visibilité est mauvaise. Vous heurtez le trottoir avec votre roue avant. Descendant de votre voiture, vous glissez sur une flaque d'eau et tombez. Vous poussez un juron sonore. Vous voulez maintenant ouvrir la porte de votre maison, mais vous vous trompez de clé car vous n'y voyez rien. Trempé, pressé, énervé, vous vous y reprenez à trois fois. Un voisin « bien intentionné » vous a observé. Il suppose que, devant tant de maladresses accumulées, vous devez être ivre. De rumeurs en médisances, deux jours après, une partie de votre voisinage est convaincue que vous êtes alcoolique !

Regardez autour de vous les dégâts provoqués par les suppositions, lisez les commentaires sur des événements relatés par les médias ou simplement les jugements et critiques qui passent dans votre entourage, et constatez combien les médisances sont pour beaucoup une manière courante de « communiquer » (peut-être bien aussi la vôtre, parfois). Que d'intentions sont prêtées aux autres, à tort !

« Si tous ceux qui croient avoir raison n'avaient pas tort,
la vérité ne serait pas loin. »
PIERRE DAC

Mais avant que de chercher à les contrer coûte que coûte, il vous faut d'abord comprendre comment elles fonctionnent.

Chapitre 2

Sur qui et sur quoi supposons-nous ?

Sur... tout, tout le monde et tout le temps ! D'abord parce que nous avons une certaine vision du monde, de la vie, des gens, qui n'appartient qu'à nous et entre parfois (souvent) en contradiction avec la réalité du monde, de la vie, des gens, mais aussi parce que nous nourrissons en nous de nombreuses croyances qui nous poussent à supposer en permanence et à agir en conséquence.

LES SUPPOSITIONS SUR NOUS-MÊMES

La première cible de nos suppositions, et vous n'en avez peut-être pas conscience, c'est nous ! En fait, il s'agit tout simplement de l'ensemble des croyances, souvent négatives, que nous avons à notre sujet, dont un bon nombre n'est pas avéré — mais nous ne le savons pas ou refusons de le savoir.

Lorsque nous faisons des suppositions négatives à notre encontre, **nous utilisons envers nous-mêmes une parole qui n'est pas impeccable et nous faisons souffrir avec notre propre poison émotionnel.** Rappelez-vous l'exercice concernant ce que vous dites régulièrement contre vous (voir p. 21) : « Je n'y arrive pas », « Je ne suis pas aimable », « Je n'ai jamais de chance », etc. Vous savez à présent que ces affirmations sont essentiellement des suppositions sans vraie réalité. L'exercice proposait d'ailleurs de chercher au moins deux exceptions prouvant que vos croyances n'étaient pas justes, ou du moins pas entièrement. Vous avez peut-être encore du mal à vous en convaincre, mais quand bien même vous n'auriez trouvé qu'une seule exception (que vous trouveriez nécessairement), votre affirmation ne serait plus juste à 100 % : elle ne refléterait plus la réalité.

TÉMOIGNAGE

« J'AI ARRÊTÉ DE ME CONSIDÉRER COMME UN VIEUX. »

Alex, 57 ans : « Passé la cinquantaine, j'ai eu plus de mal pour certains exercices physiques. Un copain m'a dit : "Tu vieillis beaucoup." Ça m'a fait tout drôle. J'ai eu l'impression que j'avais des douleurs que je n'avais pas avant et je faisais de moins en moins de choses, jusqu'à ce que mon fils me recadre un peu durement : "Si tu crois ce qu'il t'a dit, tu vas devenir un vieux, c'est sûr !" Il avait raison. Il m'a demandé de m'observer. Je faisais un peu moins vite, certes, mais j'avais bien plus de masse musculaire que mon fils et plus d'endurance. Sans imaginer que j'avais trente ans de moins, j'ai arrêté de me considérer comme un vieux. J'ai alors repris le sport avec un plaisir que je n'avais plus. »

Le problème, avec les suppositions, c'est qu'elles ont ce **pouvoir de créer une réalité de toutes pièces**. Avec des conséquences bien réelles : vous êtes tellement persuadé de ce que vous avancez que vous vous accommodez bon gré mal gré de cette réalité et **vous y conformez... comme si elle existait vraiment** ! Exactement comme dans l'exemple ci-dessus où la remarque d'un ami vous donne l'impression de vieillir *effectivement*. Avec les dommages collatéraux que cela implique : vous ne vous autorisez plus ce qui vous faisait plaisir, vous donnez une image de vous qui n'est pas la vôtre, vous changez de façon de vivre, même si cela vous déplaît. *Vous vous conformez.* **Et vous n'êtes pas heureux, parce que vous n'êtes pas vous.**

➔ *Le cahier des doux plaisirs*

Faire des suppositions vous fait du mal. Vous devenez méfiant, vous avez souvent peur, vous ruminez sur le passé, redoutez l'avenir ; les suppositions que vous faites nourrissent vos peurs qui elles-mêmes engendrent d'autres suppositions. C'est un cercle vicieux qui vous empoisonne la vie.

Achetez-vous un joli cahier, sur la couverture duquel vous écrirez : « Cahier des doux plaisirs » (ou un autre intitulé positif de votre choix). **L'objectif est que, tous les soirs, vous inscriviez, après la date du jour, un plaisir que vous avez eu dans la journée, petit ou grand :** une réussite, un mot gentil, une belle chose que vous avez vue, un éclat de rire, un rayon de soleil, un mets agréable, une rencontre... Vous pouvez même en discuter avec vos proches, demander les leurs et vous en réjouir ensemble.

Petit à petit, votre attitude et votre ressenti vont se modifier. Vous serez de moins en moins disposé à retenir le négatif et vous focaliserez davantage sur le positif. Vous apprécierez de plus en plus de choses, dans la vie, chez les gens. Vous serez spontanément plus confiant, plus ouvert, plus attentif, et ressentirez globalement plus de joie et de confiance en vous. **Le bien amenant le bien, vous ferez alors de moins en moins de suppositions négatives, sur vous, les autres ou le monde.**

• • •

ET LES SUPPOSITIONS POSITIVES ?

Quand vous faites des suppositions sur vous-même, vous vous sous-estimez, mais vous pouvez parfois, aussi, vous surestimer !
Par exemple, vous pouvez accepter un travail pour lequel vous n'avez pas vraiment les compétences mais, de peur de déplaire à votre patron (supposition) et pour être bien vu (supposition), vous l'acceptez tout de même en vous disant que vous devriez bien vous en sortir (supposition), au risque d'échouer et de mettre votre supérieur dans l'embarras. Alors que si vous prenez le temps d'y réfléchir, que vous constatez que, vraiment, ce n'est pas dans vos cordes et l'expliquez simplement à votre patron, il y a de grandes chances pour qu'il apprécie votre honnêteté et votre capacité à avoir conscience de vos points forts et de vos limites (tout le monde en a). Et vous pourrez faire ensemble le point sur vos compétences et sur les missions qui vous correspondent *réellement* — tout le monde y gagne.
Dans tous les cas, **que vos suppositions soient négatives ou positives, elles montrent que vous ne disposez pas de tous les éléments nécessaires pour agir**. Vous supposez donc à tort, **faute de prendre le temps de vous poser les bonnes questions et de vous connaître**. La conséquence, comme nous venons de le voir, c'est que vous n'osez pas prendre une décision qui vous serait utile ou vous en prenez une qui pourrait vous causer du tort (ou qui causerait du tort à autrui).

LES SUPPOSITIONS SUR LES AUTRES

Elles concernent ce que nous supposons à propos des autres ainsi que nos relations avec eux. Là encore, le même mécanisme est à l'œuvre : **elles dépendent de nos croyances.**

La première d'entre elles est que **nous croyons que les autres envisagent la vie exactement comme nous.** Nous croyons qu'ils pensent, agissent, réagissent, analysent et ressentent de la même manière que nous. Nous supposons donc qu'ils appréhendent toute situation exactement comme nous-mêmes l'appréhendons. Ce qui, bien évidemment, est totalement faux : tous nos filtres (mentaux, émotionnels, expériences de vie, éducation...) au travers desquels nous voyons une personne ou un événement sont **différents et propres à chacun d'entre nous.**

Une réalité filtrée

La « réalité », nous la percevons à travers trois filtres principaux :
- **sensoriels :** notre perception de l'extérieur dépend de la perception de nos sens et de l'analyse que notre cerveau en fait ;
- **culturels et sociaux :** nous apprécions la réalité selon les critères du groupe et de l'environnement dans lesquels nous évoluons ;
- **personnels :** chaque personne a sa propre conceptualisation du réel en fonction de toutes ses expériences (éducation, influence familiale, vécu, scolarité...).

Ces filtres créent nos croyances qui créent notre réalité et influencent tous les aspects de notre vie. Vous en avez forcément déjà fait l'expérience et il est intéressant de voir que **nos filtres se mettent en action d'une manière telle que nos comportements en sont modifiés.**

Par exemple, je vais vous faire rencontrer une personne que vous ne connaissez absolument pas :

- Situation 1 : Je vous dis : « Vous allez voir, elle est brillante et intelligente. Je suis sûr que vous allez parfaitement vous entendre. » Vous prendrez alors tout ce qu'elle dit pour parole d'évangile et vous vous sentirez avec elle sur la même longueur d'onde.
- Situation 2 : Je vous présente la même personne, mais je vous dis : « Bon, elle est un peu spéciale : aucune idée personnelle, et parfois assez agressive. » Vous serez sur la défensive et votre rencontre, bien plus rapide, se passera beaucoup moins bien.

C'est exactement le même processus à l'œuvre quand vous êtes guidé par vos croyances : si vous supposez des choses négatives sur telle personne ou sur le déroulement de telle situation, vous anticipez négativement avec une telle force de persuasion que, finalement, vous engendrez vous-même le malaise, le conflit, l'issue négative ou simplement les émotions désagréables que vous ressentirez.

➔ *Mettez-vous dans les meilleures conditions possibles*

Quand vous savez que vous allez rencontrer une personne et que cela ne vous enchante pas, quelle que soit la raison (peur, méfiance, rejet, etc.) :

① **Notez ce que vous redoutez/prévoyez/supposez** à propos de cette rencontre et de cette personne.

② **Demandez-vous** ensuite, pour chaque chose que vous supposez à son propos :
- Est-ce certain ?
- Est-ce important ? grave ? anecdotique ? exaspérant ?
- Est-ce que je n'en fais pas une affaire personnelle ? (Revoyez le deuxième accord pour vous y aider – voir p. 69.)

③ **Sortez de ce schéma mental** afin de mettre en place les meilleures conditions possibles pour votre rencontre :
- Comment me sentirais-je si je n'avais pas ces suppositions sur cette personne ?
- Quel serait mon comportement avec elle si je n'avais aucun *a priori* ?
- Quel serait mon bénéfice si je n'avais aucun *a priori* ? Comment me sentirais-je ?
- Quels compliments ou quelles paroles sympathiques (et impeccables !) pourrais-je lui dire ?

Puis, rencontrez-la dans ces bonnes conditions. Plus vous êtes débarrassé de vos *a priori* et plus vous êtes en ouverture, en curiosité et en écoute de l'autre. Vous constaterez que, la plupart du temps, **ce que vous pensez d'une personne influe directement sur la qualité (ou la médiocrité) de votre rencontre**.

En outre, **l'autre vous renvoie ce que vous lui adressez**, nous en avons parlé (voir p. 39). Si, d'entrée de jeu, vous êtes méfiant, froid ou agressif, l'autre vous renverra votre méfiance, votre froideur ou votre agressivité. Si vous abordez l'autre avec douceur et bienveillance, il vous renverra de la douceur et de la bienveillance. Faites donc en sorte d'être ouvert et dans l'accueil.

N'oubliez pas, après la rencontre, de **noter ce que celle-ci vous a appris de nouveau** sur cette personne et sur vous, et de comparer le déroulement de la rencontre avec les suppositions que vous en faisiez.

• • •

Des conséquences douloureuses

Mais faute d'avoir conscience de nos suppositions ou de vouloir les admettre, nous prêtons aux autres mille intentions diverses – celles que nous pourrions avoir nous-mêmes si la situation était inversée ! Et puisque les autres sont différents de nous et agissent différemment, parce qu'ils ne correspondent pas à ce que nous croyons, qu'ils ne font pas ou ne disent pas ce que nous attendons qu'ils fassent ou disent, **nos suppositions et attentes non satisfaites sont la cause de toutes les pensées et paroles non impeccables que nous dirigeons contre eux** : médisances, rumeurs, moqueries, dénigrement, jugements négatifs, condamnations et une multitude de noms d'oiseaux.

> ***À noter***
>
> Le paradoxe des suppositions, c'est qu'à cause d'elles, nous en arrivons à en vouloir aux autres pour des choses qu'ils n'ont pas pensées, pas dites et pas faites, mais dont nous sommes convaincus qu'ils les ont pensées, dites ou faites ! C'est ce qu'on appelle un **procès d'intention** : c'est le fait de réagir négativement aux intentions négatives que nous avons nous-mêmes créées et prêtées aux autres.

Ces suppositions se vérifient bien souvent dans nos relations (affectives, par exemple) et peuvent les esquinter durement. Un exemple courant dont vous avez sûrement déjà fait l'expérience :

- **1re supposition** : « L'autre sait nécessairement ce dont j'ai besoin. »
  - Cause : « Il/elle me connaît et dit qu'il/elle m'aime. Il/elle connaît forcément mes besoins. »
  - Raisonnement « logique » : « Je ne vais rien exprimer puisque l'autre sait ce dont j'ai besoin. »

- **2e supposition :** « Si il/elle ne devine pas mon besoin, c'est qu'il n'y a pas de *véritable* amour entre nous. »

Et l'autre, alors, que peut-il bien penser ? Deux solutions sont possibles :

- Soit il pense comme son/sa partenaire, il croit que l'autre va deviner tous ses besoins, puisqu'il/elle l'aime, et donc ne rien lui demander mais attendre qu'il/elle y réponde correctement.
- Soit il fait ses propres suppositions : « Si il/elle a besoin de quelque chose, il/elle me le demandera. Une absence de demande = une absence de besoin à satisfaire. »

« Les jugements que nous portons
sur les autres sont l'expression tragique
de nos besoins non satisfaits. »
MARSHALL ROSENBERG,
créateur de la communication non violente

Vous imaginez facilement la suite : la personne n'ayant rien osé demander va ressentir une émotion (tristesse ou colère) qui se surajoutera à son besoin non satisfait ; elle va vite en faire une affaire personnelle. S'ils sont deux à ne jamais rien exprimer mais à tout attendre, je vous laisse imaginer l'imbroglio... Et si le deuxième partenaire pense que le premier n'attend rien puisqu'il ne demande rien, et reçoit un jour ses reproches en pleine figure... gageons que peu de paroles impeccables seront alors échangées !

Voyez-vous tout l'intérêt que nous avons à **communiquer de manière impeccable avec les autres**, c'est-à-dire sans faire de suppositions, en exprimant nos besoins réels, en écoutant ceux des autres et menant un *vrai* dialogue ?

LE CERCLE VICIEUX DES SUPPOSITIONS

Un point vaut d'être souligné. Quand nous supposons que les autres voient la vie comme nous, nous ajoutons alors une autre supposition logique : ils nous jugent forcément comme nous-mêmes les jugeons. Pour peu que nos jugements soient féroces et impitoyables, nous arrivons à cette situation rocambolesque : **nous ne sommes plus nous-mêmes avec les autres !** Nous avons peur de leur avis, parce que nous nous persuadons qu'il sera féroce et impitoyable comme le nôtre, et n'osons plus nous montrer tels que nous sommes alors même qu'ils n'en pensent rien de négatif, voire rien du tout ! Et ces suppositions peuvent avoir un **impact très négatif dans nos relations aux autres** car, toujours sur le qui-vive, nous privilégions une superficialité qui ne soit pas attaquable — sans parler du fait que nous vivons sur la défensive, ce qui nous rend méfiants, facilement irritables, susceptibles, jaloux, etc. Adieu, sincérité et relations de confiance !
Vous constatez là toute l'absurdité de ce fonctionnement. Il crée une réalité douloureuse qui nous entrave dans nos relations et notre épanouissement aux autres, alors même qu'elle n'est très certainement pas vraie, en tout cas fondée sur rien de tangible.

LES SUPPOSITIONS SUR LES FAITS

« Toute vérité n'est que la vérité de celui qui l'a dite.
Il y a autant de vérités que d'individus. »
ÉRIC-EMMANUEL SCHMITT

Nous avons évoqué ce point plus haut : face à tout événement dont nous sommes témoins ou dont nous avons connaissance (par une personne, un média ou autre), nous voulons comprendre ce qui s'est passé pour retraduire aussitôt dans notre logique personnelle le pourquoi du comment, et si nous n'avons pas de réponse, ou si nous sommes trop pressés pour chercher la vraie réponse, nous faisons des suppositions, qui deviennent des hypothèses, qui elles-mêmes finissent par se convertir en certitudes. **Nous préférons une fausse croyance à une incompréhension.**

Notre capacité à supposer en permanence est donc très puissante et porte sur tous les sujets. Elle est alimentée par un désir fort que les choses soient différentes de ce qu'elles sont afin de **se conformer à notre vision du monde et nous maintenir dans une pseudo-sécurité.**

Il est grand temps de se débarrasser de toutes ces suppositions qui nous empoisonnent malgré nous et empoisonnent le monde autour.

Chapitre 3

Libérez-vous des suppositions !

Pour ancrer votre changement dans la durée, il ne suffira pas de le vouloir : vous allez devoir également modifier votre manière d'agir (qui était dictée par vos croyances) ainsi que vos points de vue, sur vous et sur les autres. Il est donc temps de mettre en œuvre ce troisième accord, « Ne faites pas de suppositions », pour cesser de vous empoisonner l'existence avec une réalité qui n'existe pas.

QUESTIONNEZ-VOUS

On fait des suppositions parce qu'on cherche des réponses ; mais la méthode la plus évidente pour cela n'est-elle pas tout simplement de... **poser des questions** ? À soi-même, pour commencer, pour se comprendre, se connaître, s'accepter et **agir enfin en adéquation avec la réalité**.

Vos suppositions proviennent de votre perception de la réalité, qui elle-même est issue de toutes les croyances que vous avez emmagasinées au cours de votre vie (« je suis moche », « je suis un idiot », « je ne réussis jamais rien », « je suis trop gros », « je ne vaux pas qu'on m'aime », etc.). **C'est de ces croyances qu'il vous faut vous**

débarrasser pour reprendre confiance en vous, savoir ce que vous valez et ne plus rien supposer de ce que les autres pensent ou font à votre égard.

Interrogez-vous : quelles sont les pensées qui vous bloquent, vous freinent, vous empêchent d'accomplir quelque chose, vous donnent une image médiocre de vous-même ou du monde, vous mettent mal à l'aise, en colère, vous attristent, vous font culpabiliser, etc. ?

➔ *Traquez les croyances de vos suppositions*

Cet exercice va vous aider à prendre conscience des croyances qui se cachent derrière vos suppositions. **Comprendre le mécanisme à l'œuvre en vous va vous apporter les réponses qui vous manquaient et que vous cherchiez chez les autres**, et ainsi réduire progressivement votre besoin de faire des suppositions.

QUELLES SONT LES SUPPOSITIONS QUE VOUS FAITES RÉGULIÈREMENT ?	QUELLES SONT LES CROYANCES QUE VOUS POUVEZ RELIER À CHAQUE SUPPOSITION ?
(Ex. : « Il ne me dit pas qu'il m'aime, c'est donc qu'il ne m'aime pas », « Mon patron ne m'a rien dit sur le dossier, il doit être mécontent », « Le voisin m'a regardé de travers, je suis sûr qu'il raconte des choses sur moi ! », etc.)	(Ex. : « Mes parents m'ont abandonnée : je ne suis pas digne d'amour », « Je ne suis pas très intelligent, je ne suis pas à la hauteur », « Mes choix de vie sont atypiques, je ne suis pas normal », etc.)

Maintenant que vous avez réussi à relier vos suppositions à vos croyances, demandez-vous quel est l'élément, la situation, le fait à l'origine de cette croyance :

Pour chaque croyance du tableau précédent, essayez d'en retrouver la cause : Est-ce une **remarque** qui vous a été faite un jour par quelqu'un ? Est-ce un **fait**, une **situation**, un événement (échec scolaire, abandon d'un parent, conflit, etc.) ? Est-ce par rapport à une **norme** (je me trouve gros par rapport à une « norme » de poids, je fais des choix atypiques par rapport à ce que pensent couramment les gens, etc.) ?

Maintenant que vous avez remonté le fil (vous faites des suppositions parce que vous avez des croyances parce que vous avez vécu telle situation ou subi telle remarque, etc.), vous allez tester la véracité de vos croyances, une par une, en prenant votre temps, en fonction de leur origine :

- **Si c'est à cause d'une remarque qu'on vous a faite un jour :** remémorez-vous la personne qui vous l'a faite. Maintenant, comparez-la avec la personne à qui vous prêtez le même jugement (ce peut être vous !) :
  - Ont-elles le même nom, le même prénom, la même date de naissance ? Habitent-elles dans la même ville, à la même adresse ? Ont-elles la même profession ?

- Ont-elles le même physique (même taille, même poids, même coupe de cheveux, même voix, etc.) ?
- Avez-vous (ou aviez-vous) la même relation avec elles : même proximité, mêmes activités, mêmes amis, même fréquence pour se voir ? Vous êtes-vous connus, avec chacune, à la même époque, la même date, dans les mêmes circonstances ?
- Etc.

Elles peuvent avoir quelques rares points communs, mais elles ont forcément des différences, et même un grand nombre. Autrement dit, **si tant de choses les distinguent**, vous admettrez en toute logique que **vous ne pouvez pas leur prêter**, sans preuve irréfutable (c'est-à-dire en questionnant réellement la personne actuelle dont vous supposez qu'elle vous juge), **le *même jugement*.** Votre supposition, sur un plan purement objectif, n'a aucun lieu d'être. Abandonnez-la.

- **Si c'est à cause d'un fait, un événement, une situation que vous avez vécu et qui vous a marqué :** trouvez une exception qui montre que ce fait ne s'est pas reproduit à chaque fois. Par exemple, vous croyez que vous n'êtes pas digne d'être aimé parce que vos parents vous ont abandonné : trouvez au moins une personne qui vous aime, que ce soit dans vos relations amoureuses, familiales, amicales, etc. Si vous étiez en échec scolaire, trouvez au moins un domaine dans lequel vous êtes doué : sport, musique, arts, relations sociales, développement personnel, écriture, jardinage, etc.

L'exception vous montre qu'un fait, une situation **ne peuvent pas se reproduire indéfiniment ni de la même manière**. La seule éventuelle « légitimité » de votre croyance est qu'elle ne porte *que* sur ce fait, cette situation passé(e) (et nous allons voir après qu'elle n'a en fait aucune légitimité tout court) ; vous ne pouvez donc objectivement pas la relier à la situation présente (comme dans le point ci-avant, comparez les situations dans le détail : elles présenteront forcément des différences qui vous empêchent, logiquement, de les relier). Le fait initial ne saurait se reproduire à l'identique : votre supposition n'a pas lieu d'être.

- **Si c'est à cause d'une norme :** définissez précisément cette norme : si c'est sur le physique, détaillez les caractéristiques des gens « normaux » (poids, taille, apparence, musculature, etc.) ; si c'est sur les choix amoureux, définissez ce que vous pensez être une vie amoureuse « normale », conventionnellement admise. Puis sortez dans la rue et asseyez-vous sur un banc. Observez les gens qui passent et comptez, mentalement, tous ceux qui sortent de cette « norme » (par exemple, tous ceux qui dépassent un certain poids, ou qui sont trop petits, ou qui ont un look atypique). Ou bien faites le point sur tous les gens que vous connaissez et comptez tous ceux dont les choix de vie, ou la profession, ou le caractère, etc., ne rentrent pas dans le cadre que vous avez défini.

Vous trouverez très certainement un grand nombre de personnes sortant de ce cadre normatif... un nombre bien trop grand pour pouvoir affirmer qu'il existe une « norme ». Vous constatez vite que ce que vous appelez (ou ce que d'autres appellent) « norme » n'est rien d'autre qu'un point de vue... parmi des millions d'autres ! **Si vous côtoyez ou fréquentez autant de gens « hors normes », c'est bien qu'il n'y a en fait pas de norme**, n'est-ce pas ? Sont-ils malheureux pour autant ?

Alors considérez à partir d'aujourd'hui qu'il n'y a pas de norme, qu'il y a autant de caractéristiques et de choix que d'individus, que vous êtes très bien exactement comme vous êtes et que vous pouvez abandonner votre croyance. Dans une infinité de situations, **vous n'avez aucune obligation de vous conformer à une manière d'être qui ne vous appartient pas et qui vous empêche... d'être.**

• • •

Enfin, n'oubliez pas deux points essentiels :

- **Vous seul pouvez savoir qui vous êtes réellement et entièrement.** Qui que ce soit d'autre, même votre plus proche relation, n'a pas accès à l'intégralité de ce que vous êtes. Donc vos croyances, d'où qu'elles viennent, ne sauraient définir la réalité de ce que vous êtes... puisqu'il y a autant de réalités que d'individus (voir p. 72).
- Cet exercice vous montre que **la plupart de vos croyances viennent de l'extérieur**. Elles ne vous appartiennent pas, mais vous avez choisi, consciemment ou non, de les prendre pour vraies comme si elles faisaient partie de vous. Sachant cela, vous pouvez décider, maintenant, de les rendre à l'extérieur, de les détacher de vous et de **ne conserver pour vous que celles qui vous conviennent** ; vous retrouvez ainsi votre autonomie et vous facilitez votre épanouissement.

LE CONSEIL EN +

L'exercice « En faire une boule et la jeter » (voir p. 90) peut vous aider, mentalement, à faire une boule de vos croyances et à vous en débarrasser, afin d'ancrer durablement cette nouvelle vérité en vous.

Maintenant que vous avez mené l'enquête à votre sujet et que vous avez remonté la piste de vos suppositions et de vos croyances, vous avez trouvé le coupable. **Vous avez vos réponses et n'avez plus besoin**

de faire des suppositions. Et si d'autres questions surgissent, ne prêtez plus d'intentions aux autres : questionnez-les, tout simplement.

QUESTIONNEZ LES AUTRES

Vous faites des suppositions parce que vous avez besoin de réponses. Répétons-le encore : le meilleur moyen de trouver des réponses, c'est de poser des questions !

À présent, ayant opéré un gros travail sur les croyances qui vous encombrent pour ne plus leur donner prise, vous pouvez enfin **questionner les autres sur leurs intentions réelles** sans risquer de surenchérir vous-même dans les suppositions.

- **Vous ne comprenez pas le comportement d'une personne ?** Ne lui supposez pas une raison dont vous n'avez aucune preuve. Demandez-lui simplement la raison qui l'a motivée à agir ou parler ainsi : « Pourrais-tu me dire pour quelle raison tu as fait/dit ceci ? », « Je n'ai pas compris ce que tu as fait. Peux-tu me l'expliquer ? ». **Acceptez sa réponse pour ce qu'elle est et ne cherchez pas plus loin.**

LES CONSEILS EN +

› Souvenez-vous de l'**importance de votre intonation et de votre langage non verbal** (voir p. 19) afin que votre demande ne soit pas prise comme de l'indiscrétion ou de l'agressivité – en un mot, ne faites pas naître une supposition chez votre interlocuteur... Revoyez si besoin le chapitre sur la parole impeccable (voir p. 27) afin de vous exprimer dans le respect de vous-même et de l'autre. N'oubliez pas que **votre intention, à vous, est d'éclaircir un point**, non d'envenimer ou de créer un conflit ; c'est dans votre intérêt à tous. →

› Votre petite voix intérieure pourrait vous tourmenter et vous dire : « Certes, il/elle a expliqué sa raison, mais... et si il/elle me mentait, et avait bien l'intention que je lui suppose ? » N'oubliez pas (voir p. 102) que l'autre est responsable de lui-même. **S'il choisit de ne pas vous dire la vérité, c'est son choix**, son problème, et il devra en assumer les conséquences (par exemple, le fait que cela détériorera votre relation, qu'il ne soit pas compris, que ses besoins ne soient pas satisfaits). **Dédouanez-vous de ce qui le concerne. Prenez ce qu'il vous dit pour vrai, et passez à autre chose.**

- **Vous ne comprenez pas sa réponse ?** Ne faites pas semblant d'avoir compris et dites simplement... que vous n'avez pas compris ! Demandez-lui, de la même manière, de vous réexpliquer ses raisons. Rappelez-vous que lui seul sait qui il est : il est donc bien normal que les autres, et vous aussi, ne comprennent pas forcément ce qu'il exprime de lui. **Il n'y a aucune honte à demander des précisions.**

LES FAITS AUSSI MÉRITENT QU'ON MÈNE L'ENQUÊTE

Quand vous prenez connaissance d'une information qui suscite en vous une émotion négative (colère, tristesse ou peur), renseignez-vous sur sa réalité avant de vous laisser mener par ce que vous ressentez. **Questionnez des experts, demandez conseil, lisez, écoutez, regardez, multipliez les sources et soyez factuel.**
Ne vous contentez pas d'un à-peu-près que vous interpréterez à tort. Ayez bien conscience que de nombreux médias ou de nombreuses personnes, en apparence sérieux, relaient des informations sans les avoir vérifiées eux-mêmes... Soyez donc toujours sûr que ce que vous prenez pour vrai l'est réellement ; cela vous évitera bien des émotions désagréables.

EXPRIMEZ-VOUS !

En restant avec votre supposition, vous demeurez coincé dans le cercle vicieux de votre « logique », qui peut aller très loin (voir p. 69). N'oubliez pas que vous seul avez accès à qui vous êtes : **si vous voulez que les autres vous connaissent et connaissent vos besoins, cela ne peut passer que par un moyen : la parole !** Alors, très simplement, sortez de ce cercle mental et exprimez-vous (de manière impeccable, évidemment – voir p. 27) :

- **Vous avez un doute** sur un fait ou le comportement d'une personne ? Exprimez votre doute (« J'ai l'impression que... ») et demandez confirmation pour engager l'échange et laisser à l'autre la possibilité de s'exprimer à son tour (terminez par : « Est-ce que c'est bien ça ? »).
- **Vous avez un besoin** qui n'est pas satisfait, des attentes, des envies ? Exprimez-les. N'attendez pas que les autres les devinent : ils ne sont pas vous ni dans votre tête ! Dites simplement : « J'aimerais bien que... », et engagez là encore l'échange avec votre interlocuteur : « Qu'en penses-tu ? », « Pouvons-nous chercher une solution ensemble ? », « Aurais-tu une suggestion ? », etc.

LE CONSEIL EN +

Pour bien comprendre que les autres ne peuvent pas vous deviner, demandez-vous si vous connaissez, vous, tous les besoins des autres à chaque instant... Non, bien sûr : c'est impossible. Alors utilisez votre parole et dites ce dont vous avez besoin.

➔ *Connaître et exprimer ses besoins*

Une grande source de disputes dans le couple vient d'une méconnaissance de ses propres besoins et de ceux de l'autre. Et quand l'un s'agace parce qu'il a supposé que l'autre satisferait son besoin sans avoir à le demander, l'autre suppose de lui qu'il est trop ceci et pas assez cela. Mais si aucun des deux n'exprime clairement ses besoins ou craintes, l'autre ne peut pas les deviner !

Alors, avant de partir dans les reproches, mettons tout cela au clair.

Identifiez vos besoins

Dans votre couple, qu'est-ce qui vous est indispensable, accessoire et toxique ? Remplissez **chacun de votre côté** ces 3 tableaux (dans un premier temps, limitez-vous, pour chaque cas, à 3 besoins) :

Ce qui m'est indispensable : de quoi s'agit-il précisément et concrètement ?	**Est-ce que cela m'est véritablement indispensable ?**	**Est-ce véritablement épanouissant ?**	**Que se passerait-il si j'en étais privé ?**	**Comment je me sens si ce besoin est satisfait ?**

Ce qui m'est nécessaire mais dont je pourrais me passer (accessoire) : de quoi s'agit-il précisément et concrètement ?	**Est-ce que cela m'est véritablement nécessaire ?**	**Est-ce que cela contribue à mon épanouissement ?**	**Que se passerait-il si j'en étais privé ?**	**Comment je me sens si ce besoin est satisfait ?**

Ce qui m'est toxique : de quoi s'agit-il précisément et concrètement ?	**Est-ce que cela m'est véritablement toxique ?**	**Est-ce que cela génère du négatif pour moi ?**	**Que se passerait-il si j'en étais privé ?**	**Comment je me sens si cela est conservé ?**

Discutez de vos besoins

Prenez ensemble un **temps de discussion**, au calme. Chacun s'exprime **à tour de rôle** – quand l'un parle, l'autre ne l'interrompt pas et l'écoute attentivement.

Vous découvrez ainsi chez votre partenaire des besoins importants que peut-être vous n'auriez pas soupçonnés, et lui-même découvre les vôtres.

Ainsi, vous comprenez que si votre conjoint est, par exemple, triste ou en colère, c'est parce que son besoin essentiel n'a pas été satisfait ou parce que ce qui lui est toxique a dépassé sa zone limite. Cela vous évite de rétorquer (ce ne sont que des exemples) :

- « Tu n'es jamais content, tu râles tout le temps » (suppositions : il/elle a un sale caractère ; il/elle doit avoir un problème).
- « Il n'y a pas de quoi en faire un drame ! » (suppositions : il/elle dramatise pour un rien ; il/elle n'est pas stable psychologiquement).

Cherchez des solutions

Lorsque tout est clair, **recherchez ensemble des solutions**. En prenant à tour de rôle les besoins de chacun, mettez-vous à deux pour trouver :

- comment faire perdurer et amplifier quelque chose qui est indispensable ;
- comment diminuer, rendre neutre ou supprimer ce qui est toxique ;
- quoi faire de ce qui est accessoire pour l'un, à condition que cela ne soit pas toxique pour l'autre.

• • •

ET LES FANTASMES ?

Un fantasme, c'est une représentation imaginaire de désirs conscients ou inconscients qui touchent la sexualité, mais aussi d'autres domaines du désir et du plaisir. Longtemps considérés comme tabous, ils ont un rôle à jouer pour l'équilibre psychique, pour alimenter le désir et pour intensifier le plaisir.

Tout le monde a des fantasmes, à tout âge, les femmes autant que les hommes. Pour une sexualité épanouie, il est bon de pouvoir en parler. Mais avouons que ce n'est pas évident, car nous redoutons qu'ils soient mal compris — des suppositions, encore et toujours : on suppose que l'autre va nous juger ou bien nous nous jugeons nous-mêmes négativement. Alors nous nous taisons par crainte d'être blessés dans nos fantasmes, dans notre intimité la plus profonde.

Parlez-en simplement ensemble, à tour de rôle, sans rien supposer — cela n'est possible que s'il y a une absolue confiance entre les deux. Posez des préalables :

- Ce n'est pas une demande de passage à l'acte ; c'est un acte de confiance où vous partagez ce qui vous est le plus intime.
- Pas de jugements négatifs ni de leçons de morale. Honorez l'acte de confiance que l'autre vous fait en se livrant ainsi.
- Pas de jugements négatifs non plus sur celui qui ne partage pas le fantasme. Honorez son écoute et le fait de pouvoir se livrer à lui/elle en toute confiance.

Le passage à l'acte, ensuite, n'est possible que si ces 5 conditions sont remplies, pour passer du fantasme individuel au fantasme de couple — zéro supposition, donc, mais un dialogue impeccable :

- que chacun ait parfaitement compris ce dont il s'agit et le veuille de la même manière ;
- que les partenaires aient réfléchi ensemble sur ce que cela peut entraîner comme conséquences positives ou négatives sur le couple ;

→

› que chacun soit certain de ne pas le faire pour faire comme les autres, pour se prouver quelque chose, pour seulement satisfaire son conjoint ou par peur de le perdre ou le décevoir ;
› que chacun ait pleinement confiance en l'autre pour ne pas éprouver de sentiments ou émotions négatifs (jalousie, peur, colère, dégoût, etc.) ;
› que chacun soit parfaitement d'accord sur le fait que si l'un veut arrêter, l'autre ne doit pas le forcer à continuer.

Si vous avez accompli un fantasme, réservez-vous ensuite un instant d'intimité et de partage pour que chacun exprime ce qu'il a aimé ou ce qu'il n'a pas aimé, ressenti ou pas, et s'il désire ou pas renouveler « l'expérience ».

Si cela n'a pas été aussi positif que désiré, pas de suppositions, ni d'un côté ni de l'autre ! Personne n'est « pervers » ni « coincé ». Réjouissez-vous plutôt, même si le passage à l'acte n'a pas été fabuleux, que vous vous soyez fait confiance l'un à l'autre avec autant de force.

PARLEZ-VOUS À VOUS-MÊME

De même, vous pouvez avoir un doute vous concernant. Par rapport à une situation donnée, vous vous demandez pourquoi vous agissez ou réagissez de telle sorte, pourquoi vous ressentez telle émotion ou faites tel choix, ou pourquoi vous demeurez avec des attentes non satisfaites, bien que vous les trouviez légitimes.

Pourquoi ne pas exprimer tout cela... à vous-même ? **Parlez-vous, impeccablement, comme à n'importe quel interlocuteur, en soignant l'échange :** « J'ai l'impression que tu fais cela pour telle raison, discutons-en », « J'aimerais bien que tu ne réagisses plus comme ça », « Cela me fait mal quand tu me fais penser cela, que pouvons-nous faire ? », etc. Échangez avec vous-même. Il y a un petit côté schizophrène, je vous l'accorde ; mais ce n'est pas si fou que cela en a l'air (et c'est encore un jugement, ça !) : nous traînons tous des questions intérieures sur nous, nos choix, nos émotions, notre vie, sans jamais prendre le temps de les analyser et d'y répondre. **Parlez-vous comme à un proche que vous aimez, avec bienveillance, et essayez de trouver des réponses et des solutions avec vous-même.**

LE CONSEIL EN +

Si ce côté « schizophrène » vous gêne, imaginez simplement ce qu'un ami bienveillant pourrait vous dire.

➲ ***Ayez une petite conversation avec vous-même...***

Cherchez 2 ou 3 situations dans lesquelles vous avez eu une réaction ou un comportement qui ne vous a pas plu, dont vous n'êtes pas fier, que vous vous reprochez d'avoir eu.

Ce qui a été fait est fait. Inutile de vous morfondre en regrets qui ne changeront nullement ce passé. En revanche, vous pouvez **prendre des dispositions pour que ce genre de réactions ne se reproduise plus** et que vous n'ayez plus à vous en vouloir.

Pour cela, procédez comme suit pour chacune de ces situations : **évaluez d'abord sur une échelle de 0** (situation anecdotique) **à 5** (enjeu conséquent, par exemple vous n'avez pas respecté vos valeurs ou principes de vie) **l'importance de la situation en question.**

- **Si vous l'avez notée 0, 1 ou 2 :** votre comportement a-t-il été vraiment gênant ? Est-ce que vous vous en voulez beaucoup ou vous dites-vous que vous n'y pouviez pas grand-chose ? Si la même situation revenait, quelle attitude aimeriez-vous avoir ?

Si vous considérez que personne n'a été blessé ou lésé, alors considérez que c'est votre tempérament ; pardonnez-vous si nécessaire, faites de votre mieux (nous y reviendrons) pour ne pas reproduire cela, ou moins, ou différemment, et réservez votre énergie à ce qui est véritablement important.

- **Si vous l'avez notée 3, 4 ou 5**, prenez le temps de répondre aux questions suivantes :
  ① Qu'est-ce que je n'aime pas dans la manière dont j'ai réagi (vis-à-vis de moi et/ou vis-à-vis de l'autre) ?
  ② Quelle est la raison pour laquelle j'ai réagi ainsi ? Attention : ce peut être une question piège ! Par exemple, ne dites pas : « C'est parce qu'il a fait ou dit telle chose », car vous rendez l'autre responsable et vous transformez en victime impuissante. Cherchez plutôt entre vous et vous : « Dans ce qu'il a fait ou dit, qu'est-ce qui, *chez moi*, a été atteint/bousculé/blessé/remis en question ? » Ou bien : « Quelle a été la peur que j'ai eue ou la supposition que j'ai faite ? »
  ③ Comment est-ce que je qualifie cette raison (ou ces raisons) ? Me paraît-elle juste ? Valable ? Stupide ? Déplacée ? Disproportionnée ?
  ④ Qu'aurais-je dû dire ou faire (ou ne pas dire ou ne pas faire) ? Imaginez, si nécessaire, plusieurs scénarios possibles.
  ⑤ Comment est-ce que je qualifie ce que j'aurais dû dire ou faire (ou ne pas dire ou ne pas faire) ? Difficile ? Douloureux ? Contraignant ? Normal ? Évident ? Agréable ? Intelligent ? Etc. Est-ce respectueux de moi ? Des autres ? Cherchez la solution la plus confortable pour vous, sinon vous risquez de ne pas la mettre en œuvre.
  ⑥ Comment me sentirais-je si j'avais agi ainsi que je viens de le décider ? Quelle serait mon émotion ? Quelle idée ou quel sentiment aurais-je de moi ?

Si votre émotion est positive, si vous avez une belle opinion de vous, alors cela indique que c'est la bonne solution ! La prochaine fois qu'une situation identique se présentera, utilisez-la.

• • •

REMETTEZ-VOUS EN QUESTION

Vous exprimer, c'est bien, mais prenez garde à ne pas retomber dans le cercle vicieux des suppositions durant l'échange avec autrui.

Si vous êtes convaincu d'avoir raison, n'entrez pas dans le jeu du « non seulement j'ai raison, mais en plus j'ai raison d'avoir raison ». Vous interdisez alors à votre interlocuteur d'avoir une opinion différente et vous foncez vers de nouvelles suppositions : « Il est stupide, inculte, borné, de mauvaise foi... », etc. **Ne pas faire de suppositions, c'est chercher à comprendre l'autre en le questionnant et accepter qu'il puisse avoir une opinion différente de la vôtre.** Rappelez-vous : chacun a raison et tort à la fois (voir p. 44).

En cas d'opinions divergentes, gardez donc à l'esprit qu'il existe de multiples possibilités :

- vous avez raison et il a tort ;
- vous avez tort et il a raison ;
- vous avez tous les deux tort ;
- vous avez tous les deux raison ;
- vous détenez chacun une partie (mais non la totalité) de la vérité.

On ne vous demande pas d'approuver des opinions contraires si vous n'êtes pas convaincu par elles, mais simplement d'admettre que, d'un certain point de vue, **chacune de ces opinions a sa légitimité, y compris les vôtres.**

➲ *Agissez-vous en conformité avec vous-même ?*

Une manière de se remettre en question est de prendre conscience de sa congruence... ou pas : **ce que je dis est-il conforme à ce que je pense et ce que je fais est-il conforme à ce que je dis ?** S'il y a un alignement, c'est parfait. Dans le cas contraire, **il est important de retrouver une harmonie tant entre soi et soi que dans sa relation aux autres.**

Imaginons une sorte de portrait chinois : remplissez le tableau ci-après.

- La colonne « Parce que... » est importante, car elle détermine **une valeur, quelque chose qui compte pour vous, que vous aimeriez être.**
- La dernière colonne vous permet, quant à elle, de lister ce que vous faites (ou ne faites pas) pour avoir cette cohérence.
- Lorsque vous constaterez un point de non-cohérence, demandez-vous alors : **que pourrais-je dire ou faire pour être cohérent ?** Cherchez des actions simples et **mettez-les en application immédiatement.** Peu à peu, des modes d'être plus élaborés vous viendront spontanément.

Exemple : J'aimerais être un chat, car il est indépendant. Désormais, j'accomplis moi-même des actions sans demander à quelqu'un (chercher un dossier, changer l'ampoule de ma lampe, me préparer mon déjeuner, réserver une chambre d'hôtel...). Plus tard, je serai également autonome pour chercher un emploi, m'inscrire dans une association, etc.

Si j'étais...	Ce serait...	Parce que...	Ce que je fais concrètement en harmonie avec ce souhait
Un animal			
Un parfum/ une odeur			
Un sport/un loisir			
Une couleur			
Une musique			
Un livre			
Une saison			
Un lieu/un paysage			
Une habitation			
Un verbe			

Il est fort probable que les mêmes mots reviennent régulièrement dans la colonne « Parce que... » : c'est normal, car ce sont là vos valeurs, c'est-à-dire **ce qui vous importe le plus pour orienter votre vie et les actes qui la composent**.

Connaître les valeurs qui vous guident est essentiel pour être cohérent avec vous-même et vous sentir bien dans vos actes et vos paroles. Vous pouvez donc remettre en question certaines idées ou certains comportements non conformes à ces valeurs. En général, ce sont des idées ou comportements qui ne vous appartiennent pas et que vous avez finalement adoptés à un moment donné parce que, par exemple, on vous a dit « qu'il le fallait » ou bien pour faire plaisir à quelqu'un (encore une supposition : peur de décevoir ou de déplaire, peur de ne pas être apprécié, etc.). **Cela ne peut qu'accroître votre mal-être puisque ce n'est pas vous.**

En revanche, vous ne pouvez pas remettre en question ce qui touche directement vos valeurs, car vous remettriez en cause votre colonne vertébrale, vos principes de vie essentiels. Et si les personnes avec qui vous entretenez des relations suivies ont des valeurs strictement opposées aux vôtres, **remettez alors en question l'intérêt ou la nécessité de poursuivre ces relations**. Ils ont le droit d'avoir des valeurs opposées, mais vous avez, vous, le droit de ne pas vouloir y être confronté. Par exemple, vos valeurs sont la franchise et l'intégrité. Pouvez-vous alors vivre avec quelqu'un qui ment et manigance constamment ? Votre relation ne mérite-t-elle pas d'être remise en question ?

• • •

ADMETTEZ QUE LES AUTRES SONT DIFFÉRENTS

Acceptez cette évidence : les autres sont... ce qu'ils sont ! Il y a donc des personnes avec qui vous vous entendez et d'autres avec qui vous ne vous entendez pas, tout comme certaines personnes vous apprécient et d'autres (beaucoup) moins ! Et **chacun fonctionne à sa manière**, qui est la sienne propre et donc forcément différente... de tous les autres.

« Ce que l'homme appelle vérité, c'est toujours sa vérité, c'est-à-dire l'aspect sous lequel les choses lui apparaissent. »
PROTAGORAS

➔ *Tous les goûts sont dans la nature*

Admettre que les autres sont différents, c'est reconnaître qu'**ils ont le droit de ne pas aimer ce que vous aimez, et réciproquement**. C'est donc arriver à admettre qu'ils ont le droit (tout comme vous !) d'avoir sur tel sujet telle opinion. Dès lors que leurs opinions sont structurées et argumentées, cela ne pose pas vraiment de problème. Là où les ennuis commencent, c'est lorsqu'on se cantonne au « j'aime/j'aime pas » sans explication et qu'on dénigre celui qui pense différemment.

- Exercez-vous avec votre conjoint, votre enfant ou un ami en prenant un sujet sans grand enjeu, par exemple : les vacances à la montagne, vivre à la campagne, la nourriture végétarienne, etc. Bref, un sujet **sur lequel vos opinions sont différentes, mais non susceptibles de remettre en cause votre lien**.
- Prenez le temps, chacun de votre côté, de noter 3 arguments suffisamment étayés sur votre prise de position. Puis, votre interlocuteur expose son argumentation. **Ne l'interrompez pas !** Quand il a fini, **résumez ce qu'il vient de dire** en terminant par : « Est-ce bien cela ? T'ai-je bien compris ? » **sans y ajouter le moindre jugement**.

- Ensuite, **c'est à votre tour d'exposer votre point de vue**, et l'autre, sans vous interrompre, doit ensuite résumer ce que vous avez dit de la même manière.

En procédant ainsi, vous apprenez non seulement l'**art de l'écoute** (nous reviendrons sur ce point essentiel en fin d'ouvrage), mais découvrez aussi que **chacun, sur un sujet donné, peut avoir une opinion différente ou opposée mais tout à fait fondée et légitime**. Cela n'enlève rien à la valeur de l'un et de l'autre. Simplement, sur un point donné, vos goûts ou points de vue ne sont pas les mêmes. Chaque personne est différente des autres et l'enjeu est d'admettre que ces différences constituent une diversité qui évite la monotonie et crée une richesse, voire élargit votre propre vision des choses.

Vous pouvez même prolonger l'exercice en cherchant à deux le ou les points communs entre vos prises de position.

LES CONSEILS EN +

› Évitez, dans un premier temps, les sujets qui prêtent plus facilement à polémique, comme tout ce qui touche à la religion, la politique, l'éducation des enfants, etc. (Mais ce sera un excellent entraînement à la parole impeccable quand vous serez rodés !)

› Variante : inscrivez un certain nombre de sujets sur des bouts de papier. Tirez ensuite au hasard un sujet donné et convenez que telle personne défendra une thèse pour et l'autre une thèse contre, comme des avocats ayant à faire une plaidoirie. Cela peut être très ludique, surtout si, par exemple, vous devez défendre une thèse contre alors que vous êtes pour (ou l'inverse) !

• • •

Et si nous sommes trop différents ?

Ne vous arrive-t-il jamais, quand vous vous disputez souvent avec une personne parce que vos visions sur la vie sont différentes, de **croire que vous allez pouvoir la changer** ? Vous vous supposeriez (encore !) un pouvoir que vous n'avez pas. Ainsi, dans un couple, si vous supposez que votre amour va changer l'autre pour qu'il corresponde à vos attentes, vous vous exposez à une désillusion certaine et à beaucoup de rancœur ou de tristesse, quelles que soient la beauté et la puissance de votre amour.

Que ce soit dans votre vie amoureuse, professionnelle, familiale, sociale, etc., deux solutions sont possibles :

- **Soit vous parvenez à accepter que l'autre soit différent** et que vos points de vue puissent diverger, et vous l'acceptez si cela ne vous cause pas de sentiments négatifs, de frustration, de colère, si cela ne va pas à l'encontre de vos valeurs les plus profondes, etc.
- **Soit, si l'entente n'est vraiment pas possible, quittez la relation.** Inutile de s'épuiser à vouloir concilier ce qui n'est pas conciliable : vous n'êtes pas faits pour vous entendre. Personne n'est coupable, personne n'est victime : vous êtes simplement trop différents.

TÉMOIGNAGE

« J'AI ENFIN COMPRIS QUE NOUS N'ÉTIONS PAS COMPATIBLES... »

Hélène, 46 ans : « J'ai mis du temps à comprendre qu'il ne sert à rien de faire durer une relation en attendant que l'autre change. J'ai été souvent malheureuse pendant deux ans. Le déclic, c'est quand une amie m'a dit : "Prends les choses dans l'autre sens ! Est-ce que tu changerais quelque chose d'essentiel chez toi pour lui faire plaisir ?" J'ai répondu : "Par amour pour lui et pour faire durer notre couple, je le ferais !" Elle m'a regardée en souriant : "Vraiment ? Tu changerais de caractère et de personnalité pour lui ? Même si c'est contraire à ce que tu penses ? Tu tiendrais combien

→

de temps ?" D'un coup, tout s'est éclairé. C'est là que j'ai compris. J'ai fini par rompre. Ça été moins douloureux que ce que je redoutais, parce que mon amie m'a aidée à enfin admettre que nous n'étions tout simplement pas compatibles. »

➔ *Séparez-vous des personnes toxiques*

Vous aurez peut-être remarqué que certaines de vos suppositions négatives concernent **des personnes qui ne vous conviennent pas**. En ce sens, elles sont toxiques pour vous. Pas forcément pour d'autres, mais pour vous, oui.

Comment les reconnaître ? Ce sont celles :
- dont vous estimez qu'elles ne vous apportent rien de positif ;
- qui vous font part constamment de leurs problèmes sans s'intéresser aux vôtres ;
- qui vous demandent régulièrement quelque chose (matériel ou pas) sans rien vous apporter en retour ;
- qui, sous couvert d'humour, vous font régulièrement des remarques blessantes ;
- qui affirment leurs opinions comme des vérités uniques sans vous laisser exprimer les vôtres.

Plutôt que de poursuivre les suppositions qui vous empoisonnent, demandez-vous simplement :
- Suis-je contraint de poursuivre cette relation ? Pour quelles raisons ? Quel en est l'intérêt ?
- Qu'est-ce que je perds si j'arrête cette relation ?
- Qu'est-ce que je gagne si j'arrête cette relation ?

Si vous cessez cette relation, prenez conscience que :

- vous empêchez l'autre de compromettre votre respect envers vous-même et votre estime de vous ;
- vous libérez votre esprit de toutes les émotions et suppositions négatives envers cette relation qui vous polluent régulièrement ;
- vous réservez votre attention, votre énergie et vos ressources aux personnes avec lesquelles il existe un véritable enrichissement mutuel.

Si on en revient aux accords toltèques, comprenez qu'en agissant ainsi, vous éliminez une quantité immense de poison émotionnel. En effet :

- **vous cessez d'entendre ou de dire des paroles non impeccables ;**
- **vous cessez de prendre personnellement** des opinions ou comportements qui ne vous appartiennent pas et ne vous apportent rien ;
- **vous cessez de supposer en permanence**, négativement, sur le pourquoi des pensées ou agissements de cette personne, et de redouter sa fréquentation.

➔ *Développez des relations de qualité*

À l'inverse, cultivez donc des amitiés peu nombreuses, mais de qualité, avec des personnes fiables, de bon conseil, à la fois bienveillantes, apaisantes et épanouissantes. Cela suppose d'être actif pour chercher, créer et nourrir de telles relations, et proposer des activités ensemble pour les développer de manière authentique (randonnée, restaurant, invitation, etc.). En vous détachant des relations toxiques comme vu précédemment et en recherchant et cultivant les relations qui vous font du bien, qui vous apportent de la joie, qui vous respectent comme vous êtes et vous donnent la possibilité de les respecter pour ce qu'elles sont, il vous sera bien plus facile de vivre selon les accords toltèques, **dans l'harmonie de vous-même et des autres.**

Quelles sont les personnes que vous considérez comme vos *vrais* amis (bienveillants, apaisants, épanouissants, respectueux) ?	
Quels sont les ami(e)s qui répondent présents quand ça ne va pas ?	
Que faites-vous, concrètement, pour entretenir ces amitiés ?	
Que pourriez-vous faire pour embellir ces amitiés, pour les nourrir et les cultiver ?	
Que pourriez-vous faire, à quelles activités pourriez-vous participer pour rencontrer de nouveaux amis avec qui développer de telles relations ?	

• • •

Nos suppositions ont l'art de créer en nous des attentes qui ne peuvent être satisfaites, car elles ne sont pas la réalité et parce que l'autre ne fonctionne pas nécessairement comme nous, ou pas totalement. Entre une hypothèse et une vérité, il y a un gouffre : si nous y tombons, nous pouvons nous faire mal.

Rappelez-vous donc du troisième accord et de ceux qui le précèdent dans votre vie quotidienne et toutes vos relations : ne faites pas de suppositions, ce qui vous évitera de faire de tout une affaire personnelle, ce qui vous permettra de conserver une parole impeccable... Vous pourrez ainsi vivre libre et heureux.

4

FAIRE DE SON MIEUX, À SA MESURE

Ce quatrième et dernier accord est un peu différent des trois premiers, car il vient éclairer la manière de les mettre en œuvre – et plus généralement comment être et vivre au quotidien pour s'épargner tout poison émotionnel : épuisement, découragement, culpabilité, regrets, craintes, etc., en faisant simplement de son mieux et juste de son mieux, dans tous les instants de notre vie.

Chapitre 1

Pourquoi faire de son mieux ?

Les trois premiers accords sont des principes de vie que vous allez vous approprier pour être plus heureux avec vous-même et avec les autres.

Mais il reste encore à apprendre *comment* vous les approprier pour les mettre en œuvre de la meilleure façon possible dans votre vie de tous les jours, et c'est ce que ce quatrième accord propose : **de votre mieux, et seulement de votre mieux**.

APPLIQUEZ LES AUTRES ACCORDS... DE VOTRE MIEUX !

Si les trois premiers accords sont particulièrement simples dans leur énoncé, leur mise en application se heurte à nos diverses habitudes. Ce quatrième accord, « Faites toujours de votre mieux », est là pour vous aider à les mettre en place dans votre vie, de la manière la plus bénéfique pour vous, avec les meilleures chances d'y parvenir.

En effet, si vous vous contentez de les lire et d'y acquiescer pour finalement ne rien en faire, ou si peu, parce que trop d'obstacles vous freinent, ils ne serviront à rien. Le fait de les trouver évidents et justes est insuffisant pour changer quoi que ce soit dans votre vie. Ce quatrième accord a donc une grande utilité pour que vous puissiez leur donner corps au quotidien et **en faire peu à peu, à votre rythme, votre nature profonde, c'est-à-dire votre nouvelle manière d'être**.

Un accord sans lequel rien n'est possible

Aussi simple qu'il y paraît, cet accord est donc pourtant essentiel. Revoyons les trois premiers à la lumière de ce quatrième :

- **Si vous voulez que votre parole soit impeccable**, vous devez faire de votre mieux et seulement de votre mieux, sinon vous risquez de vous faire du mal et d'agresser les autres parce que vous vous découragerez, parce que vous ne réussirez pas toujours, parce que vous vous en voudrez.
- **Si vous désirez ne pas faire une affaire personnelle** des événements qui vous arrivent et de ce que vous disent d'autres personnes, vous devez faire de votre mieux et seulement de votre mieux, sinon chaque chose dont vous ferez quand même une affaire personnelle malgré vos bonnes intentions vous rongera d'autant plus.
- **Si vous souhaitez ne pas faire de suppositions**, vous devez faire de votre mieux et seulement de votre mieux, sinon votre imagination produira nombre de suppositions supplémentaires, souvent à votre encontre.

À chaque fois, dans chaque situation, pour chaque obstacle, cet accord vous permet d'**appliquer les trois autres sans contrainte, en toute liberté et conscience de vos capacités et de vos limites**. Vous retirez ainsi tous les bénéfices de chacun des accords sans vous empoisonner du moindre sentiment négatif, et y gagnez en **sérénité**, en **estime de vous** et en **motivation**.

Pourquoi appliquez-vous les accords toltèques ?

Interrogez-vous maintenant pour bien saisir votre réelle intention : **« Pour quelle raison est-ce que je veux mettre les accords toltèques en application ? »**

- Parce que ça fait bien ?
- Parce que tout le monde en parle ?
- Parce qu'on me reproche trop de choses et que je veux correspondre à ce qu'on attend de moi ?
- Parce que je veux qu'on m'apprécie, qu'on m'aime, qu'on m'estime, qu'on me cite en exemple ?

Si vous répondez « oui » à l'une de ces questions, vous faites fausse route car ce n'est pas un choix *impeccable* dans le sens où **il ne correspond pas à vos aspirations profondes** et que vous le feriez sous la contrainte, consciente ou non, de causes extérieures à vous. Vous allez perdre votre énergie, vous décourager et même agir contre vous. Au final, vous vous empoisonneriez plus que si vous ne faisiez rien du tout.

Demandez-vous plutôt : « Est-ce une décision que je prends en toute liberté... »

- ... parce que ça résonne en moi, parce que je sens que c'est ce que je souhaite suivre et que ça correspond à mes valeurs profondes ?
- ... parce que c'est un mode d'être qui me convient, dont je suis convaincu qu'il me sera bénéfique ?
- ... parce que cela balise le chemin que je veux suivre pour me sentir mieux dans ma vie ?
- ... parce que je me sens bien et plus serein quand je mets ces accords en œuvre ?

Si, là, vous répondez « oui », cela signifie que vous n'êtes plus dans un choix extérieur ou par défaut, mais dans l'acceptation de quelque chose « qui vous parle », qui a du sens pour vous. **Vous tendez vers votre souhait profond.** Il y aura parfois des détours, des arrêts et des dérapages, mais vous en retirerez régulièrement de la satisfaction personnelle et du mieux-être, parce que **vous serez en accord avec vous-même.**

Et c'est alors que vous saurez le mieux mettre en pratique les accords toltèques... de votre mieux possible, et seulement de votre mieux.

SOYEZ SOUPLE AVEC VOUS-MÊME

Don Miguel Ruiz précise que, parfois, il est des contraintes qui nous empêchent d'avoir des paroles impeccables, de ne pas prendre les choses personnellement ou d'éviter de supposer. Toutefois, il y a **une chose qui dépend entièrement de nous** – et vous avez compris que c'est la seule chose dont vous êtes responsable : **c'est de faire de notre mieux.** Ça, c'est notre liberté... que nous décidons d'exercer ou pas !

Il est important de se rappeler que le but des accords toltèques est de nous aider à vivre mieux en nous libérant de ce qui nous freine et nous empoisonne. En toute logique, ce qu'ils recommandent doit donc se faire **avec le minimum de contraintes.** Autrement dit, la notion de **souplesse** est importante, pour y trouver le plus de **plaisir** possible, garant de notre **motivation.**

Dans toutes ses activités, l'être humain recherche avant tout le plaisir et fait tout ce qu'il peut pour éviter ce qui lui causerait du déplaisir, ce qui est bien compréhensible. Si vous faites quelque chose que vous aimez, qui vous donne du plaisir, qui vous correspond, qui vous apporte des choses positives, vous aurez toujours l'énergie et l'envie de le faire, même si cela demande du temps, des efforts, un apprentissage. Si vous faites quelque chose sans l'avoir vraiment décidé, « parce qu'il le faut », si vous n'en avez pas vraiment envie, que cela vous déplaît au fond, vous vous découragerez au premier obstacle.

En conséquence, si, en appliquant les trois premiers accords, vous avez la sensation de fournir un effort important, de vous contraindre, si vous vous sentez coupable ou frustré parce que ce n'est pas aussi parfait que possible, vous n'y arriverez pas. Résultat, vous n'avez plus de plaisir et soit vous vous cesserez vite de les mettre en œuvre, soit vous allez vous rendre plus malheureux que vous n'étiez. Or, ce n'est vraiment pas le but !

Il vous faut donc être **souple et indulgent avec vous-même**, pour conserver le plaisir de ce que vous faites et de la voie que vous avez choisie.

➔ *Détendez-vous par la respiration*

Faire de son mieux, c'est aussi se donner les moyens de faire de son mieux, c'est-à-dire **se mettre dans les meilleures conditions possibles**. Or, quand on est anxieux, qu'on doute, qu'on redoute des choses, qu'on a peur d'échouer, etc., les muscles se contractent inconsciemment et la respiration devient plus superficielle, moins ample. Nous sommes tendus, crispés, avec toutes les conséquences négatives que cela a sur notre forme physique et notre moral.

Pour faire de votre mieux, commencez par **vous détendre chaque fois que vous en ressentez le besoin**.

Voici un exercice respiratoire aux nombreux avantages :
- il est **simple** à pratiquer ;
- on peut le faire **partout** en toute discrétion, en toute occasion, **chaque fois que nécessaire** ;
- il permet de **mieux oxygéner le cerveau** et de **retrouver des idées claires** ;
- il aide à **recouvrer son calme** en évacuant le trop-plein d'anxiété et de tension, qui nous poussent souvent à supposer des choses infondées et à faire d'un rien une affaire personnelle.

Voici comment procéder :

① Asseyez-vous sur le bord d'une chaise, le dos bien droit, les pieds reposant à plat sur le sol. Vous pouvez garder les yeux ouverts droit devant vous ou les fermer, selon votre convenance.
② Inspirez lentement et profondément par le nez, en gonflant vos poumons jusqu'à ce qu'ils soient pleins.
③ Puis retenez votre souffle pendant 4 secondes.
④ Ensuite, expirez lentement par la bouche, jusqu'à vider complètement vos poumons.
⑤ Retenez de nouveau votre souffle durant 4 secondes.

Recommencez l'exercice 3 fois de suite. Cela suffit pour que vous vous sentiez maintenant pleinement détendu.

• • •

Chapitre 2

Comment faire de son mieux ?

Nous aurions pu poser cette question d'entrée de jeu, mais nous ne l'avons pas fait car, avant de savoir comment le faire, il vous fallait d'abord comprendre pourquoi vous le faisiez – procéder ainsi, c'est déjà faire de son mieux !

À présent, vous savez pour quelles raisons vous souhaitez mettre en œuvre les accords toltèques, et vous savez que vous le faites **pour vous et vous seul**.

Voyons maintenant comment vous pouvez faire de votre mieux, tous les jours, pour en retirer tous les bénéfices.

FAITES DE VOTRE MIEUX, ET SEULEMENT DE VOTRE MIEUX

« Faites toujours de votre mieux. » *Toujours.* Voilà un mot qui peut poser problème s'il est mal compris, car vous risquez de vouloir donner le maximum et plus que le maximum, toujours, tout le temps. Or, ce n'est pas ce que préconise ce quatrième accord.

Don Miguel Ruiz précise en effet un point essentiel : **votre « mieux » est variable**, il peut changer **en fonction de circonstances sur lesquelles vous n'avez pas de prise, en fonction des moyens dont vous disposez au moment où vous l'accomplissez**, et qui peuvent être très changeants.
Quelques exemples :

- Si vous êtes malade, vous n'accomplissez pas les mêmes choses de la même manière que lorsque vous êtes en pleine forme : vous avez moins d'énergie, moins d'envie, moins de force. Vous avez peut-être envie de ne rien faire du tout à ce moment-là, de ne voir personne. Le « mieux » que vous puissiez faire dans ces conditions sera peut-être de rester au fond de votre lit. C'est *votre* mieux à cet instant précis, et vous le faites du mieux *que vous pouvez*.
- Si vous venez d'apprendre une nouvelle désagréable, votre parole peut être beaucoup moins impeccable ; vous êtes préoccupé, tendu, naturellement moins ouvert aux autres, c'est humain. Votre « mieux » est d'accepter vos émotions du moment et de les respecter : vous avez besoin d'un temps de retour au calme, seul avec vous, pour digérer la nouvelle, vous n'êtes pas de bonne humeur. C'est le mieux que vous puissiez faire *pour l'instant*, et il est très bien ainsi.
- Si vous apprenez qu'un de vos proches vient d'avoir un accident, il vous est difficile de ne pas faire de suppositions sur sa santé, car votre émotion est à son comble : vous êtes inquiet ou même angoissé, n'avez pas le cœur à discuter, à régler des problèmes, à vous occuper du reste ; votre imagination carbure à mille tours par minute. Là encore, c'est votre « mieux » du moment, *compte tenu des circonstances.*

Et ainsi de suite. Votre « mieux » fluctue donc régulièrement, d'un jour à l'autre et au cours d'une même journée. Le matin, au réveil, après une excellente nuit, votre « mieux » ne sera évidemment pas le même que le soir après une journée fatigante.

TÉMOIGNAGE

« JE NE SUIS PAS PARLABLE. »

Virginie, 31 ans : « J'ai une amie proche qui a une délicieuse expression. Quand elle est de mauvaise humeur, ou contrariée, ou simplement fatiguée, elle dit doucement : “Je ne suis pas parlable.” J'adore cette expression ! Cela veut dire qu'elle attend que l'on fasse silence ou, en tout cas, qu'on ne s'adresse pas à elle. Ça dure le temps que ça doit durer, mais si on la laisse tranquille, c'est en fait assez court. Quand c'est fini, elle revient, retrouve son sens de l'humour, et ses paroles sont bienveillantes, tout à fait impeccables. »

FAIRE DE VOTRE MIEUX,
C'EST TROUVER UN JUSTE ÉQUILIBRE

› **Si vous faites (beaucoup) mieux** que ce que vous pouvez réaliser ou que l'objectif réellement visé, vous allez épuiser votre énergie et faire naître en vous des émotions et sensations négatives : découragement, perte de motivation, doute sur vos capacités, etc.

› **Si vous faites (beaucoup) moins** que ce que vous pouvez faire ou que l'objectif réellement visé, vous ne progresserez pas (ou peu, et lentement) et ressentirez frustration, regret ou culpabilité.

› **Si vous faites ce qui est à faire en fonction des moyens dont vous disposez au moment où vous l'accomplissez** (vos capacités, vos limites, vos connaissances, votre état physique, émotionnel, etc.), alors **vous serez en accord avec vous-même**. Vous vous écouterez, vous respecterez et ferez, par la force des choses, toujours de votre mieux, puisqu'il vous correspondra pleinement. Vous serez *impeccable* avec vous-même.

➔ *Faites de votre mieux pour prendre soin de vous*

Faire de son mieux passe aussi par la bienveillance que l'on s'accorde. Sans en faire une loi absolue, beaucoup de personnes qui se négligent ont tendance à négliger les autres. Et votre « mieux » ne sera jamais bien haut si vous ne prenez pas soin de vous-même.

Questionnez-vous donc sur ce que vous faites et pouvez faire vis-à-vis de vous-même pour vous sentir bien sans attendre que cela vienne de l'extérieur :

- **Est-ce que je prends soin de moi ?**

Est-ce que je prends le temps de prendre soin de moi ?	Si je ne m'occupe pas de moi, qui le fera ?	Si je ne m'occupe pas de moi maintenant, quand le ferai-je ?	Que vais-je vivre, comment me sentirai-je si je ne m'occupe pas de moi ?

- **Quand je suis seul avec moi-même :**

Qu'est-ce que je fais pour moi ?	Qu'est-ce que cela m'apporte ?

- **Comment puis-je faire de mon mieux pour prendre soin de moi ?**

Que pourrais-je faire, qu'aurais-je envie de faire pour prendre soin de moi, me sentir bien avec moi-même ?	Comment je me sentirais si je faisais cela, qu'est-ce que ça m'apporterait ?	Que puis-je faire, de quoi ai-je besoin pour mettre cela en œuvre ?

Une fois que vous avez fait le point sur ce dont vous avez besoin pour vous sentir bien/mieux et comment vous l'apporter, si vous en avez les moyens et la capacité, alors **faites-le sans tarder** ! Ne laissez pas vos voix intérieures vous freiner (« Est-ce vraiment utile ? Il y a plus important, tu dois d'abord... », « Que vont penser les autres ? », « C'est égoïste », etc.) : oui, vous pensez à vous, d'abord parce que **personne ne peut le faire à votre place ni mieux que vous**, et ensuite parce que c'est **en apprenant à être bien avec vous que vous saurez être bien dans vos relations avec les autres.**

Et n'oubliez pas : prenez soin de vous... **de votre mieux**, avec vos moyens et vos possibilités du moment, qui seront parfois impeccables, parfois non, et c'est normal !

• • •

SACHEZ CE QUE VOUS VOULEZ À CHAQUE INSTANT

Faire de votre mieux, c'est vous impliquer dans ce que vous faites, vous concentrer et donner le meilleur de vous-même *au moment où vous le faites*, à la hauteur de vos moyens et en y trouvant de la satisfaction – le meilleur moyen de faire de son mieux.

Pour cela, il vous faut savoir ce que vous désirez à chaque instant, **vers quel objectif vous voulez tendre, quelle est la motivation qui vous pousse**, puis mettre en œuvre ce qui est nécessaire pour obtenir ce que vous désirez, en accord avec vos possibilités de l'instant.

Prenons l'exemple du sport. Si vous faites un match de tennis avec des amis pour vous détendre, votre objectif est d'abord de vous amuser et de passer du bon temps ensemble. Vous pouvez aussi vouloir progresser, améliorer votre jeu : vous allez alors vous impliquer pour gagner, et si vous y parvenez, vous en serez heureux ! Si vous êtes un joueur professionnel, votre objectif sera de gagner et d'être le meilleur, et vous allez vous entraîner quotidiennement, y sacrifier du temps, de l'énergie, des moyens. Vous voyez donc que **la manière de faire de votre mieux dépend de votre objectif**.

Si vous êtes au clair avec vos objectifs, si vous savez exactement ce que vous souhaitez atteindre sans vous parasiter avec des motivations extérieures qui ne vous appartiennent pas, **vous mettrez exactement en œuvre les moyens dont vous avez besoin, ni plus, ni moins, sans vous imposer de contraintes contre-productives**. Si vous êtes malade, votre objectif sera de guérir avant tout. Vous mettrez alors tous les autres objectifs en pause, le temps d'atteindre celui-là. Vous vous coucherez, vous reposerez, ne ferez rien : vous aurez fait de votre mieux pour atteindre votre objectif du moment, bravo !

➔ ***Quel est votre objectif, là, tout de suite ?***

Chaque fois que vous devez faire un choix, agir, à chaque instant, **définissez quel est le but** que vous souhaitez donner à cette action, ce choix, cette décision – que ce soit pour vous reposer, vous détendre, travailler, voir des amis, répondre à un message, vous occuper de vos enfants, etc. :

- **Pour quelle(s) raison(s) je souhaite faire cette action ou ce choix ?** Est-ce que je le fais parce que je l'ai décidé, parce que j'en suis convaincu, parce que je trouve moi-même que c'est important, parce que j'y prends du plaisir, parce que ça me réalise, parce que ça a du sens ? Ou est-ce que je le fais parce que je veux faire plaisir, parce que j'espère en retirer une récompense, de l'estime, une appréciation, parce qu'il le faut bien, parce que je veux me faire bien voir ?

Dans la vie, nous n'avons pas toujours le choix de ce que nous devons faire, du moins en apparence. **Mais nous sommes toujours libres de la manière dont nous voyons les choses, dont nous les abordons et des moyens et de l'état d'esprit que nous voulons mettre en œuvre pour accomplir ces choses.** Si vous faites votre travail pour être bien vu de votre patron, la raison et l'objectif ne dépendant pas de vous, vous risquez de ne pas avoir envie de faire de votre mieux ou, à l'inverse, de faire beaucoup plus que votre mieux... pour un résultat dont vous n'êtes pas sûr. Si vous le faites pour vous réaliser professionnellement, vous épanouir, parce que vous aimez votre travail, parce que votre salaire vous permet de réaliser des projets qui vous tiennent à cœur, etc., la raison vous appartient, et vous avez toutes les chances de mobiliser ce qu'il faut pour parvenir à **l'objectif qui vous correspond à vous seul et qui est à votre exacte mesure**.

- **En faisant cela, quel est mon objectif le plus essentiel ?** Qu'est-ce qui compte le plus pour moi ? Par exemple, si je consacre l'après-midi à mes enfants, quel est mon but : passer un bon moment ? Leur faire passer un bon moment ? Partager des choses ? Discuter ensemble ? Se reposer ? Se changer les idées ? Prendre l'air ?

  Écoutez-vous et déterminez l'objectif qui vous tient le plus à cœur. Vous pourriez faire tout cela à la fois – et plusieurs objectifs peuvent se recouper –, mais **concentrez-vous sur l'essentiel** pour ne pas risquer de vous disperser, de ne pas être vraiment à ce que vous faites, d'en faire trop, et d'en sortir épuisé, découragé, de culpabiliser et d'avoir des regrets.

- **Quelles sont mes capacités *du moment* ?** Faites le point sur votre état actuel : êtes-vous en forme, fatigué, malade ? Avez-vous de l'énergie, de la motivation ? Avez-vous envie, là, maintenant, de faire ce que vous vous apprêtez à faire ? Ressentez-vous de la tension, de la contrainte à l'idée de le faire maintenant ? Êtes-vous joyeux, triste, inquiet, en colère, serein, calme, irrité ?

  Soyez honnête, ne cherchez pas à minimiser votre état physique, mental et émotionnel pour faire à tout prix ce que vous estimez *devoir* faire. Vous devez **avoir conscience de vos capacités réelles sur l'instant** pour déterminer si vous êtes en mesure d'atteindre votre objectif ou non – et ainsi éviter un échec, un découragement, de la culpabilité, etc.

- **Quels moyens pouvez-vous mettre en œuvre *maintenant* pour atteindre votre objectif ?** Avez-vous le temps nécessaire devant vous ? Avez-vous des impératifs ? Les moyens financiers, si cela doit en mobiliser ? Quelqu'un pour vous aider, si votre objectif le requiert ? Les moyens matériels, pour agir dans les conditions les plus confortables possibles ?

Voyez si vous avez *vraiment* les moyens de faire ce que vous souhaitez faire dans de bonnes conditions, pour être sûr de **le faire avec le plaisir et la motivation que vous pouviez avoir au départ**, et ne pas vous décourager ou vous dégoûter en cours de route.

• • •

Avec cet exercice, vous savez précisément ce que vous voulez à chaque instant, que ce soit pour de grands projets, comme déménager, changer de travail ou de poste, voyager, ou des choix plus quotidiens (travailler ou se reposer ? s'occuper des enfants ou prendre du temps pour soi ? passer du temps avec ses amis ou sa famille ?, etc.). En agissant **en adéquation avec vous-même**, vous vous donnez **les meilleures chances de faire de votre mieux**, c'est-à-dire ne pas faire tout, parfaitement, tout le temps, avec tout le monde, ce qui n'est pas possible, mais juste de votre mieux **selon les raisons, envies, objectifs, capacités et moyens qui sont les vôtres à cet instant**, ce qui est tout à fait réalisable.

Chapitre 3

Ne faites pas plus que votre mieux !

Il nous arrive de confondre « faire de votre mieux » avec « faire au mieux » ou « faire le mieux possible », voire « le plus possible ». Ce n'est pas la même chose !

Le mot à retenir, ici, c'est « votre ». Il s'agit de **« votre mieux »**, pas de celui du voisin : la personne dont il est question ici, c'est vous, et personne d'autre. Il faut donc prendre garde à ne pas tomber dans l'écueil du perfectionnisme : **faire de son mieux n'est pas faire parfaitement, tout le temps**.

GARE AUX CONFUSIONS !

La complexité de ce quatrième accord en apparence simple tient à l'interprétation qu'on en fait et aux confusions où elle peut nous mener. « Faites de votre mieux » ne s'entend pas en n'importe quel sens :

- **« Faire au mieux », c'est comme « essayer », sans réelle implication.** Or, les accords toltèques ne peuvent pas se contenter d'être une tentative, un essai. Si vous essayez sans y croire, sans vous en donner vraiment les moyens, il y a de grandes chances pour que vous n'y arriviez pas. « Faire au mieux », c'est en quelque sorte « l'extrémité basse » du quatrième accord.

- À l'opposé, en « extrémité haute », l'interprétation **« faire le mieux ou le plus possible » se réfère à un absolu, un idéal, une perfection... mais pas à vous**. Et c'est là que le bât blesse. Vous essayez d'atteindre un objectif qui ne vous correspond pas, qui vous dépasse. Comme vous n'y parvenez pas, vous ressentez du dépit, de la colère, du découragement. Comment y parviendriez-vous, le problème d'un idéal se situant dans son imprécision – et son irréalité ? Nous ne savons jamais quand il est atteint ; de ce fait, il ne l'est jamais.

De nouveau, revenons au **juste équilibre**. Quand vous faites de votre mieux, **vous acceptez qui vous êtes au moment de votre action**. Si vous échouez, vous n'aurez pas de regret, car vous savez que vous avez fait de votre mieux, c'est-à-dire **du mieux que vous pouviez au moment où vous l'avez fait**, et vous pouvez même apprendre de vos erreurs. Au lieu de vous en vouloir (« j'aurais dû... », « je n'ai pas su... » et autres paroles non impeccables) ou d'en vouloir à une cause qui vous est extérieure (« c'est à cause de... », « j'ai été empêché par... » et autres suppositions négatives), vous conservez le plaisir d'avoir fait tout ce que vous pouviez, et celui de recommencer une prochaine fois... en mieux, **si votre mieux du moment vous le permet** !

➔ *Changez de point de vue sur vos « défauts »*

Nous avons trop souvent tendance à voir ce qui ne va pas (ou pas assez) chez nous, et c'est ce qui nous pousse à vouloir être, faire, dire mieux que ce que nous sommes, parce que nous ne nous acceptons pas ainsi.

Si un train peut en cacher un autre, sachez qu'un défaut peut cacher une qualité ! Si vous vous considérez comme craintif ou timide et que vous n'acceptez pas cela, vous pouvez aussi vous voir comme prudent ou réservé, et l'accepter de votre mieux. Rappelez-vous que **vos mots créent votre réalité** (voir p. 20).

Pour faire de votre mieux, et pas plus que votre mieux, commencez déjà par **vous apprécier de votre mieux.**

① Remplissez le tableau ci-dessous pour avoir une meilleure image de vous et ne plus être encombré par votre discours intérieur qui vous juge négativement.

	Quels sont les traits de caractère ou les comportements que vous n'appréciez pas chez vous ?	Comment pouvez-vous les envisager positivement ? Ou par quoi pouvez-vous les remplacer pour en retirer de la satisfaction ?
1.		
2.		
3.		
4.		
5.		

② **Comment vous sentez-vous avec vos « nouvelles » qualités ?** Quelles émotions apparaissent ?

③ Écrivez à présent :
« **Je suis quelqu'un qui est** (nommez vos nouvelles qualités) :
- .... ;
- .... ;
- .... »

④ Enfin, reprenez cette phrase et cette liste, et **dites l'ensemble à voix haute, avec une intonation décidée et enthousiaste** !

Recommencez autant de fois qu'il le faut jusqu'à ce que vous soyez satisfait de votre intonation (c'est-à-dire **jusqu'à ce que cela devienne votre réalité intime**).

LE CONSEIL EN +

Dites cette phrase en vous plaçant devant un miroir. Avez-vous l'air convaincant ? Est-ce que votre posture, vos gestes, votre visage, etc. donnent vraiment l'impression d'une personne sûre d'elle-même et de ce qu'elle dit ? Êtes-vous convaincu vous-même par ce que vous dites ? Vous vous répéterez cette liste à haute voix **chaque fois que vous douterez et manquerez de confiance en vous.**

• • •

MIEUX QUE BIEN OU MIEUX QUE MIEUX ?

Ne condamnons pas pour autant tout perfectionnisme ! Selon le dosage que nous y mettons quant à l'objectif que nous souhaitons atteindre et la manière de l'atteindre, **il peut être sain ou au contraire très toxique**. Pour simplifier et appréhender ces distinctions, voici un tableau mettant en relief leurs principales caractéristiques :

LE PERFECTIONNISTE « SAIN »	LE PERFECTIONNISTE « TOXIQUE »
✔ Ce qu'il dit : « Je veux mieux que bien. »	✘ Ce qu'il dit : « Je veux mieux que mieux. »
✔ Sait prendre des décisions importantes et vise des standards élevés mais précis.	✘ Veut atteindre le sommet à tout prix et refuse de ne pas être en première place.
✔ Objectifs bien déterminés, réalistes et réalisables, mûrement réfléchis.	✘ Objectifs rigides, irréalistes ou impossibles à atteindre, mais auxquels il se compare et s'identifie.
✔ Agit méthodiquement et minutieusement. Accepte la possibilité d'un échec (ou plutôt d'une non-réussite).	✘ Très concentré sur l'objectif, redoute les possibilités d'erreurs. Peur de ne pas réussir.
✔ Une demi-réussite n'est pas un échec. Regarde ce qui a été accompli. Sait trouver de la satisfaction dans le résultat atteint.	✘ Un demi-échec équivaut à un échec total. Focalisé sur ce qui reste à accomplir. Éternel insatisfait, même si ce qu'il réalise est très bien.
✔ Accepte avec plaisir les compliments.	✘ Réagit avec scepticisme ou colère aux compliments.
✔ Tire des leçons d'une erreur et cherche à faire mieux.	✘ Une erreur fait craindre une nouvelle expérience.
✔ Réaliste, il comprend que la « perfection n'est pas de ce monde ».	✘ Abuse du mot « devoir » : il doit toujours faire mieux, car son univers doit être sans défaut.

C'est l'histoire du verre à moitié vide ou à moitié plein. Le niveau du verre est le même, mais :

- **Dans le cas du perfectionnisme toxique**, nous nous concentrons **sur ce qui est absent** : nous nous focalisons sur... ce qui n'existe pas ! Nous pointons les erreurs et ce qui n'a pas été atteint. Nous considérons que nous aurions pu faire mieux (et surtout que nous aurions *dû* faire mieux). Résultat : **insatisfaits, nous nous dévalorisons et nous décourageons.**

- **Dans le cas du perfectionnisme sain**, nous nous concentrons **sur ce qui est** : nous voyons ce qui a été atteint et nous en félicitons. Nous portons un regard lucide sur ce qui n'a pas fonctionné pour apprendre et progresser. Résultat : **nous nous améliorons peu à peu et continuons d'expérimenter**.

« Pour les humains, la perfection est inaccessible, l'excellence oui.
Fais ton travail du mieux que tu peux,
en acceptant les erreurs inévitables[*]. »
ALEXANDRO JODOROWSKY

➲ *De « faire parfaitement » à « faire de son mieux »*

Si vous êtes un éternel perfectionniste, vous devez certainement vous sentir éternellement insatisfait, avec toutes les émotions négatives que cela entraîne. Faire « juste » de son mieux quand on a l'habitude de toujours faire le mieux possible et plus que mieux, ce n'est pas chose aisée. Peut-être avez-vous l'impression qu'on vous demande de faire « moins bien », et cette idée vous est difficilement supportable. Pourtant, vous sentez bien que **votre perfectionnisme vous empoisonne**, vous surcharge d'un poids dont vous vous passeriez bien.

Vous allez passer en douceur du perfectionnisme toxique **à un mieux plus accessible, plus bénéfique surtout, et dont vous allez retirer finalement plus de bénéfices**. Choisissez une situation pour laquelle vous aimeriez réussir parfaitement, un idéal que vous souhaitez atteindre, un sans-faute que vous voudriez réaliser, puis posez-vous à son sujet les questions suivantes, dans l'ordre :

* Alexandro Jodorowsky, *Mu, le maître et les magiciennes*, Albin Michel, 2008.

QUESTIONS	VOS RÉPONSES
1. Par rapport à cette situation, à quoi ressemblerait quelque chose de parfait ? Concrètement, quel serait mon idéal de perfection ?	
2. De mon point de vue, est-ce qu'il est possible d'atteindre cet idéal ? Pourquoi ? Ai-je des exemples précis ?	
3. Est-ce que c'est quelque chose que je trouve motivant ou est-ce parfois (ou souvent) décourageant ? Comment est-ce que je me sens quand j'essaie d'atteindre cet idéal ?	
4. Est-ce que je pense que ce soit toujours possible ? Dans toutes les circonstances ?	
Si oui : de quoi ai-je besoin pour y parvenir ? Ai-je envie de faire tous les changements nécessaires pour y parvenir ?	
Si non : que me faudrait-il pour être satisfait de ce que j'accomplis, et que ressentirais-je alors ?	
5. Si je faisais de mon mieux à chaque fois, juste de mon mieux, est-ce que cela me conviendrait ? Comment me sentirais-je ?	
6. Que pourrais-je faire, concrètement, pour faire de mon mieux dans cette situation ?	

Les deux idées essentielles de cet exercice sont :

① **de revenir sur du concret :** un perfectionniste a un idéal qui est soit abstrait, soit irréalisable – c'est pour cela qu'il n'est jamais atteint et qu'il ne peut pas l'être ; apprendre à faire de son mieux et à l'accepter permet de se concentrer sur des objectifs réels, **d'autant plus satisfaisants qu'ils sont définis et accessibles,**

② de comprendre que faire de son mieux, c'est faire en fonction de qui on est et de ce dont on dispose au moment où on le fait, c'est-à-dire **faire exactement ce que l'on peut au bon moment, ni plus ni moins.**

Quand ces deux idées sont comprises et admises, alors on est satisfait de ce qui a été réellement accompli au lieu d'être découragé ou en colère contre ce qui éventuellement aurait « dû » être fait mais n'était pas possible.

• • •

Chapitre 4

Agissez… de votre mieux

Vous avez compris les principes de ce quatrième accord un peu spécial ; il est temps désormais de le mettre en pratique dans votre vie de tous les jours, *de votre mieux,* ainsi que de mettre en œuvre les trois premiers accords toltèques… de votre mieux !

UNE RÈGLE D'OR : L'INDULGENCE

Revenons plus en détail sur l'indulgence, car elle est primordiale pour intégrer l'ensemble de ces accords dans votre vie. Beaucoup trop d'enseignements adressent des injonctions : « Arrêtez de vous plaindre ! », « Lâchez prise ! », « Stoppez votre ego ! », « Soyez performant ! »… et même « Soyez indulgent ! ». Ils vous font croire que vous devez désormais *toujours* agir comme ceci et plus *jamais* comme cela. Certains vous donnent même en exemple tel grand sage toujours zen en toute circonstance. Mais ce grand sage, considérez que c'est son « métier » d'être zen ! Depuis l'âge de 5 ans, il s'y entraîne huit heures par jour. Pas vous. Vous pouvez vous en inspirer, mais vous ne pouvez pas vous identifier à lui. De plus, vous n'êtes pas une machine avec un bouton « ON/OFF » sur lequel il suffit d'appuyer face aux suppositions, à l'ego, aux croyances, aux aléas de la vie, etc.

Ce que vous pouvez faire, en revanche, c'est **expérimenter, faire de votre mieux, réussir parfois et admettre, dans certains cas, que vous ne réussirez pas**. Faites de votre mieux, mais ne tombez pas dans un perfectionnisme absolu. Faites preuve d'**indulgence à l'égard de vous-même**. Si vous ne laissez pas la pression sortir d'une cocotte-minute en espérant qu'elle cuise plus vite, à un moment donné, c'est inéluctable : elle explose. Mais si vous acceptez que, pour atteindre son objectif, elle a besoin d'évacuer la pression, alors votre repas a de bonnes chances d'être réussi.

C'est pareil pour vous. **Vous ne pouvez pas faire parfait tout le temps.** Si vous n'acceptez pas ce fait, vous serez sous pression, vous chargerez de pensées et d'émotions négatives, serez toujours insatisfait et vous rendrez malheureux.

**FAIRE DE SON MIEUX,
MÊME DANS LE LÂCHER-PRISE**

Un individu vous fait une dangereuse queue de poisson en vous injuriant copieusement.
Si vous ne lâchez pas prise, vous prenez la chose personnellement : vous rétrogradez, le doublez et lui rendez la pareille, au risque d'avoir un accident.
Mais lâcher prise ne signifie pas que vous allez vous exclamer : « Oh, cela n'a aucune importance, je suis au-dessus de ces stupidités ! » Vous seriez alors en train de nier votre émotion qui, toujours présente, peut ressurgir plus tard dans un autre contexte. La réalité est la suivante : vous avez eu peur, vous êtes furieux contre ce chauffard et l'envie brutale de lui rendre la pareille vous taraude. C'est humain… mais vous ne passez pas à l'action !

Dans cette situation, lâcher prise :

› c'est tout d'abord pousser un juron si ça vous libère et considérer que cet automobiliste est un « .... » (inscrivez le mot de votre choix) : la parole n'est pas impeccable, mais vous relâchez ainsi votre surcroît d'émotions (et il y a peu de risques qu'il vous entende).

› Immédiatement après, vous comprenez que faire la même chose est dangereux, n'a aucun sens, que votre objectif de la journée est autre que vous venger d'un chauffard, etc. Peu à peu, vous reprenez votre contrôle et retrouvez votre tranquillité.

C'est donc accepter de ressentir, pour un instant, une émotion négative (et d'avoir des pensées qui le sont tout autant), puis revenir à l'équilibre. Plus vous le faites en conscience, plus ce retour à l'équilibre est rapide et plus vous développez votre résilience. Vous avez ainsi fait de votre mieux.

Quand vous « faites de votre mieux », alors **lâchez également prise sur ce mieux** ! Il n'y a que comme cela que vous ferez toujours de votre mieux. Certains jours, vous ne respecterez pas ces quatre accords, ou si peu. Et d'autres jours, vous ferez les choses bien, très bien même, et vous aurez tout autant fait de votre mieux. Cette alternance est normale : elle est humaine, car vos émotions agissent et vous font réagir « à l'insu de votre plein gré » ! Ne cherchez pas à atteindre la perfection : ce n'est pas possible. **Mais soyez patient et bienveillant avec vous-même : petit à petit, vous ferez de mieux en mieux de votre mieux.**

➔ *Apprenez de vos erreurs*

Nous faisons tous des erreurs. C'est normal. Quelqu'un qui n'en ferait jamais serait un extraterrestre !

Mais nous avons trois manières de les aborder :

① Ne pas en tenir compte ou rejeter la faute sur une situation extérieure ou sur une personne. C'est le meilleur moyen pour ne pas progresser.

② S'en affliger longuement, les ressasser et s'en culpabiliser. C'est le meilleur moyen pour saper sa confiance en soi.

③ **Chercher ce qu'elles nous aident à comprendre et ce que nous pouvons en retirer. C'est le meilleur moyen pour avancer et s'améliorer.**

Voyons ce dernier point en détail :

① **Comprendre et apprendre :** Au lieu de demeurer sur un échec, il est de loin préférable d'en faire une étape d'apprentissage. Certaines erreurs nous causent une émotion négative qui peut être forte : c'est normal. Laissez-la s'apaiser (ou calmez-la grâce aux exercices « Le caillou magique qui fait se sentir bien » p. 37, « En faire une boule et la jeter » p. 90 ou « Détendez-vous par la respiration » p. 179), puis, lorsque vous serez au calme, prenez un temps pour en dégager une leçon qui vous sera favorable en remplissant le tableau suivant :

L'erreur (ou les erreurs) que vous avez commise(s), si vous en avez été très affecté	Qu'auriez-vous dû faire (de votre mieux) ?	Quelle leçon en tirez-vous ?

L'erreur (ou les erreurs) que vous avez commise(s), si vous en avez été très affecté	Qu'auriez-vous dû faire (de votre mieux) ?	Quelle leçon en tirez-vous ?

② **Anticiper** : Quels principes, attitudes, paroles, pensées, processus, etc. allez-vous mettre en place à présent pour éviter de reproduire ces erreurs en faisant de votre mieux ?

- …
- …
- …
- …
- …
- …
- …
- …

Pour vous y aider, voici deux exemples :

- **Exemple 1 :**
  - Ce que j'aurais dû faire : vérifier les chiffres que j'ai intégrés dans mes calculs.
  - Leçon : inutile d'aller trop vite en espérant gagner du temps.
  - Nouveau principe : je prends 10 minutes de plus pour vérifier ; ce sera du temps de gagné par la suite.

- **Exemple 2 :**
  - Ce que j'aurais dû faire : m'assurer que mon collaborateur avait bien compris les consignes.
  - Leçon : il faut être très précis dans ce que l'on demande et s'assurer d'être compris.
  - Nouveaux principes : 1. Pour tout projet que je demande, je termine en récapitulant en quelques points. 2. Je fais reformuler pour être certain que l'autre a réellement compris.

• • •

À noter

Faites de votre mieux dans le lâcher-prise ! Plus vous lâcherez prise, mieux vous vous sentirez. Mais il arrivera des situations où vous n'aurez pas envie de lâcher prise. C'est votre droit et votre responsabilité, et vous aurez probablement d'excellentes raisons. Dans ces cas-là, avoir de la souplesse et faire de son mieux, c'est lâcher prise sur… le lâcher-prise !

En vous donnant de la souplesse et donc en acceptant que, parfois, « ça ne marche pas », **vous quittez l'obligation et la contrainte pour vous diriger vers vos choix propres et conscients, votre liberté et donc votre plaisir**. C'est ainsi que vous progresserez le plus vite, sans vous décourager !

PASSEZ À L'ACTION !

« C'est la pratique qui fait le maître », écrit Don Miguel Ruiz. Vous avez lu et sûrement compris beaucoup de choses de ce que sont les accords toltèques ; mais si vous en restez là, rien ne changera dans

votre vie. De même, si vous essayez de les appliquer une fois de temps en temps, pour voir, vous n'en retirerez pas de bénéfices.
Mais si, chaque jour, en chaque occasion, vous les appliquez *de votre mieux*, ils deviendront, peu à peu, une nouvelle manière d'être, une habitude. La patience, c'est comprendre que vos anciennes habitudes sont bien ancrées et que vos anciennes croyances, validées depuis des années, ont encore la vie dure. Agissez pour enclencher le changement, tout **en acceptant que cela prenne du temps, en acceptant de progresser pas à pas**, à votre rythme, de votre mieux, jusqu'à ce que vous vous aperceviez un beau jour que votre vie est désormais naturellement régie par ces quatre accords, et que **vous êtes heureux**.

LES QUATRE ACCORDS TOLTÈQUES EN PRATIQUE

Si vous expérimentez régulièrement les accords toltèques, si vous agissez en conscience et avec patience, vous constaterez :
- que le non-respect des accords toltèques se fait plus rare ;
- que votre retour à l'équilibre est bien plus rapide ;
- que cette manière d'être et de faire, si elle n'est pas permanente, devient de plus en plus majoritaire ;
- que vous vous sentez de mieux en mieux avec vous-même ;
- que votre relation aux autres s'améliore ;
- que les différents événements négatifs de votre vie et de ce monde vous affectent moins ;
- que vous développez une nouvelle attention à ce qui est positif ;
- que vous devenez qui vous êtes en fonction de qui vous voulez être, *vous* (et non paraître *aux autres*).

➔ *Félicitez la moindre de vos réussites*

Il n'y a pas de petites réussites ! **Tout ce que vous réussissez est digne d'attention**, même si cela vous paraît, pour l'instant, insignifiant. **Prendre conscience que ce que l'on réussit est bénéfique :** vous vous focalisez plus sur le positif et moins sur le négatif, vous vous estimez plus, prenez confiance en vous et ressentez globalement plus d'entrain et d'énergie jour après jour.

① **Chaque soir, notez dans un carnet au moins une chose (ou plusieurs) que vous avez réussie dans la journée**, qu'il s'agisse d'une toute petite chose ou d'un gros challenge. Par exemple : avoir bien mené un dossier au travail, avoir désamorcé un conflit par la parole impeccable, de pas avoir pris une remarque que vous preniez avant personnellement, avoir rangé la maison, terminé la paperasse, géré la crise de votre adolescent, ou, tout simplement… fait de votre mieux. Il ne s'agit pas de viser de très grands exploits, mais de prendre ce qui fait partie de votre quotidien et de vous en féliciter.

② **Imprégnez-vous des sentiments de fierté et de satisfaction** que vous avez ressentis dans la journée au moment de ces réussites, puis, devant le miroir, dites-vous à vous-même, en souriant et d'une voix enthousiaste : **« Bravo .... [votre prénom] ! Tu peux être fier/fière de toi. Tu as fait de ton mieux et c'est super. Félicitations ! »**

Après avoir appris, dans l'exercice p. 202, à ne pas vous blâmer pour vos erreurs et à en tirer des leçons enrichissantes, cet exercice-ci vous enseigne, quant à lui, à **prendre l'habitude de voir ce qui va bien et de ne pas minimiser vos mérites**. Cela renforcera aussi votre estime personnelle et votre confiance en vous, et mieux vous serez avec vous-même, plus vous ferez de votre mieux avec facilité et enthousiasme.

LE CONSEIL EN +

C'est un très bon exercice à faire **avec votre enfant pour renforcer sa confiance en lui** : n'hésitez pas à le faire d'abord vous-même devant lui, face au miroir, puis à lui laisser la place en l'accompagnant. Vous passerez un joli moment de confidences, de détente et de partage tout en l'aidant à faire mûrir sa confiance en lui.
Une chose cependant : quand il parlera de ses réussites, ne lui dites pas : « Je suis fier de toi » ou « Je suis content de toi » — le but n'est pas qu'il cherche à réitérer ses réussites pour *vous* faire plaisir et recevoir vos compliments. Parlez en son nom pour lui apprendre à le faire : « Tu dois être fier/content de toi ! » Parlez de *ses* sentiments à lui. Il prendra ainsi l'habitude de ne pas chercher de validation à l'extérieur, mais en lui, pour finir par y parvenir seul un jour, sans votre accompagnement.

• • •

LES 6 CLÉS POUR FAIRE DE VOTRE MIEUX

Quand vous faites de votre mieux, quoi que vous fassiez, voilà les 6 grands principes que vous devez garder à l'esprit :

① **Clarté :** je sais qui je suis et ce que je désire. Par exemple : parler impeccablement, ne pas tout ramener à moi et cesser de supposer inutilement.

② **Plaisir :** Je fais de mon mieux parce que je le désire, parce que j'y trouve du plaisir et parce que cela me fait du bien.

③ **Présence :** Je suis présent à ce que je fais au moment où je le fais. Je suis impliqué.

④ **Action :** Quand je veux faire de mon mieux, je le fais. S'il n'y a pas d'action, tout ce que je décide n'est qu'un vœu pieux, une idée, une envie tiède. Dès que je suis en relation avec une seule personne et que je parle, que j'agis, que j'interagis, les trois premiers accords trouvent à s'appliquer.

⑤ **Fluctuation :** J'adapte mon désir de faire de mon mieux en fonction de ce que je suis et de ce dont je dispose au moment où j'agis. J'accepte que mon mieux ne soit pas toujours exactement identique d'un moment à l'autre.

⑥ **Responsabilité :** Je suis responsable de ce que je dis, de ce que j'interprète et de ce que je suppose. C'est à moi qu'il appartient d'aller dans un sens qui m'aide ou dans un autre qui me dessert. Je suis responsable de laisser aux autres la responsabilité de leurs actes, de leurs paroles, de leurs interprétations et suppositions.

TÉMOIGNAGE

« JE RESSENS DE PLUS EN PLUS DE SÉRÉNITÉ. »

Édouard, 68 ans : « Lentement, j'ai appris à ne plus m'agacer si on me parle désagréablement et à répondre avec douceur, politesse et gentillesse. J'ai arrêté de croire que l'autre est un imbécile ou un frustré et, à la place, je lui envoie plein de bienveillance. Pratiquement toujours, je suis ravi de voir que nos rapports changent et deviennent cordiaux. Si ce n'est pas le cas, eh bien, je suis heureux d'avoir envoyé un peu de douceur et de ne pas m'être laissé polluer. Je constate aussi que, petit à petit, je ressens de plus en plus de sérénité et que les gens me parlent de plus en plus agréablement. Des amis me disent : "C'est parce que tu dégages une bonne énergie." C'est bien possible ! »

Si tout cela vous convient, alors n'attendez plus et agissez ! Laissons de nouveau la parole à Don Miguel Ruiz : « **Faites de votre mieux pour honorer ces accords. Vous pouvez conclure l'accord suivant aujourd'hui même : je choisis d'honorer les quatre accords toltèques.** »

Continuez d'agir et d'expérimenter, et sachez que vous pouvez faire de votre mieux, ni plus ni moins, mais exactement de votre mieux en toute chose. En pratiquant ces accords, **vous reprendrez la maîtrise de votre existence et la vivrez enfin en harmonie avec vous-même et les autres.**

➔ ***Qui voulez-vous être ?***

Dans votre vie, dans votre rapport aux autres, **qui voulez-vous vraiment être, en dehors de toute attente ou pression extérieure**, qui, vous le savez, n'ont plus lieu de vous influencer ? **À quel équilibre souhaitez-vous arriver dans votre vie, auquel les accords toltèques pourront vous mener ?**

Terminez par cet exercice pour faire le bilan sur le chemin que *vous* souhaitez suivre :

Qu'est ce j'attends des autres ? Quels autres ? Pour quelles raisons ?	
Qu'est-ce que j'attends de moi ? Pour quelles raisons ?	
Qu'ai-je envie de donner/d'apporter ? Pour quelles raisons ?	

→

Qu'est-ce que je ne veux pas donner/apporter ? Pour quelles raisons ?	
Qu'ai-je envie de me donner/m'apporter à moi-même pour prendre soin de moi et cultiver mon harmonie intérieure ?	
Quelle image ai-je de moi ? Quelle image de moi ai-je envie d'avoir ? Quelle image de moi n'ai-je pas envie d'avoir ?	
Qu'ai-je envie de faire pour parvenir à l'image que je veux avoir de moi ?	
Si j'y parviens, quelles en seraient les conséquences pour moi ? Pour les autres ? Comment me sentirais-je ?	
Quelle devise ai-je envie d'adopter pour ma vie ?	

Enfin, pour bien orienter votre existence, songez aux fiertés que vous voudrez avoir plus tard en vous la remémorant. Quand vous serez au crépuscule de votre vie, de quoi aimeriez-vous être fier ? Que voudriez-vous avoir fait, vécu ou été pour partir sans regret et heureux d'y avoir consacré votre vie ? **Cela vous permet de choisir qui vous voulez être et de vivre selon vos valeurs.**

MES FIERTÉS DU FUTUR	

Gardez ces fiertés bien à l'esprit, au quotidien, pour vous inciter à **les mettre en œuvre dès aujourd'hui**. Quelle émotion cela vous procure-t-il ? Inspirez-vous des accords toltèques : que vous disent-ils par rapport à ce que vous voulez accomplir, par rapport à ce que vous désirez vivre ? Comment vous aideront-ils à bâtir la vie que vous souhaitez ?

• • •

CONCLUSION

Que retenir de ces accords toltèques ?
En premier lieu, la prise de conscience que nous évoluons dans un monde d'interprétations que nous assimilons à la réalité. Certaines d'entre elles nous sont bénéfiques, mais d'autres nous empêchent de nous accomplir ou même de vivre la vie que nous voudrions. Comprendre cela est un premier pas indispensable.

Ensuite, que ce qui compte dans notre vie n'est pas ce que nous avons, mais ce que nous sommes. Ce n'est pas non plus ce que nous savons, mais ce que nous réalisons grâce à ce que nous apprenons, grâce aussi à ce que nous désapprenons. Par exemple, désapprendre à supposer sur tout et apprendre à se recentrer sur le vrai. Ou bien désapprendre à tout ramener à soi et apprendre à laisser aux autres le choix de faire et dire ce qu'ils veulent et pensent. Désapprendre à vouloir tout contrôler, maîtriser, réussir dans la souffrance, et apprendre à lâcher prise sur ce qui nous encombre et nous empoisonne.

Retenons enfin que nous sommes souvent responsables de nos malheurs et insatisfactions, que nous créons et cultivons nous-mêmes, mais aussi et surtout que nous avons le pouvoir de faire éclore et de développer ce qui contribue à notre bien-être. Les accords toltèques nous montrent combien c'est réalisable : il nous suffit de penser légèrement autrement et de modifier un petit peu notre regard sur le monde, sur les autres et sur nous. C'est un apprentissage qui se fait à son propre rythme, avec patience et souplesse, mais dont l'effet de levier est puissant pour apprécier davantage son existence.

Reprenons ces accords toltèques en un tableau synoptique pour résumer et ancrer définitivement ce qu'ils vous apporteront :

ACCORDS	CE QU'ILS SIGNIFIENT	LEUR INTENTION
Que votre parole soit impeccable.	Que votre parole ne soit blessante pour personne, et qu'elle ne nuise ni à vous ni aux autres.	Notre parole a un grand pouvoir créateur. Mal utilisée, elle répand du poison et fait naître des émotions négatives. Si elle est impeccable, alors elle devient magie : elle fait du bien et nous fait du bien, parce qu'elle respecte l'autre et nous respecte nous-mêmes. *« La parole doit être vêtue comme une déesse et s'élever comme un oiseau. »* PROVERBE TIBÉTAIN
Quoi qu'il arrive, n'en faites pas une affaire personnelle.	Ne croyez pas que tout ce que les autres disent et font est vrai, sinon vous prenez pour vous leurs paroles et leurs actes, et vous vous condamnez à souffrir.	Chaque perception de la réalité est totalement subjective. Pour vivre sereinement, il importe de ne pas attacher d'importance à l'opinion d'autrui ni de s'épuiser à défendre une image idéale de soi pour contrer des critiques ou chercher des louanges.
Ne faites pas de suppositions.	Nous nous racontons en permanence des histoires à propos de tout. Faire des suppositions, c'est se laisser embarquer (à son détriment) par son imagination.	Nous avons tant besoin de comprendre ce qu'il se passe autour de nous que nous inventons la réalité. Nous prêtons alors aux personnes et aux événements des raisons qui sont le pur produit de notre imagination et nous font souffrir. En cessant de supposer, nous retrouvons lucidité et apaisement.

ACCORDS	CE QU'ILS SIGNIFIENT	LEUR INTENTION
Faites toujours de votre mieux.	Impliquez-vous dans ce que vous faites en y mettant le meilleur de vous-même en fonction de vos ressources et de qui vous êtes au moment où vous le faites.	Tout est apprentissage. C'est en agissant à sa mesure et en s'impliquant raisonnablement dans ce que nous accomplissons que nous progressons et gagnons peu à peu en tranquillité et en contentement.

Ces accords ont finalement pour but de nous remettre en harmonie avec nous-mêmes afin d'engendrer ensuite une harmonie entre nous-mêmes et tout ce qui nous environne. C'est donc un mouvement de soi à soi pour le décliner après en un mouvement de soi vers et avec les autres, le tout dans un esprit de conciliation, de plaisir et de bienveillance.

Libérez-vous, respectez-vous dans le respect des autres, et soyez enfin vous-même.

Pour aller plus loin, scannez cette page
et retrouvez le cinquième accord
toltèque ! (Voir page 2.)

REMERCIEMENTS

Je voudrais ici exprimer tous mes remerciements, sincères et chaleureux, à Marjolaine Revel pour sa disponibilité, son amabilité, son implication et son professionnalisme qui ont permis de faire de notre mieux pour une collaboration agréable, efficace et impeccable.

L'auteur

Xavier CORNETTE de SAINT CYR : Coach et formateur en Intelligence Relationnelle, psychopraticien et écrivain. Formé au Coaching professionnel et à différentes approches en psychothérapie, philosophie et développement personnel, il accompagne toute personne en quête de mieux-être. Ses spécialisations : talents, confiance en soi, communication constructive, prévention des conflits et recherche de Sens. Site internet : **http://xavierdesaintcyr.com**

TABLE DES MATIÈRES

Cet ouvrage a été achevé d'imprimer par
CPI Bussière en novembre 2017

Dépôt légal : novembre 2017
N° d'impression : 2032510

Imprimé en France

SOYEZ MALIN !

La collection Malin,
c'est déjà plus de 100 titres au catalogue !

Découvrez dès maintenant un bonus exclusif pour toujours plus de bons conseils et un quotidien plus doux sur notre blog : http://quotidienmalin.com/bonus-exclusif-malin